KB272382

주식 단타 특공대

주식 단타 특공대

윤타(윤영준) 지음

동양북스

■ 사례·종목 고지

이 책에 등장하는 모든 종목과 매매 사례는 교육 목적의 예시이며, 추천 종목이 아닙니다. 과거의 매매 성과는 미래의 수익을 보장하지 않습니다. 책에 언급된 수익 사례는 저자의 실제 매매 기록이지만, 동일한 방법으로 동일한 결과가 발생한다는 의미가 아닙니다. 손실 사례도 수익 사례와 동일하게 발생할 수 있습니다.

■ 이 책의 전제 조건

이 책은 다음의 조건을 전제로 서술되었습니다. 조건이 다를 경우 일부 내용이 다르게 적용될 수 있습니다.

- **매매 방식** : 당일 매수·매도(데이 트레이딩) 기준
- **집중 매매 시간** : 오전 9시~10시, 1시간
- **HTS/MTS 화면 구성 및 기능** : 삼성증권 기준으로 서술. 타 증권사 이용 시 화면 구성이 다를 수 있으며, 기능 관련 문의는 해당 증권사에 직접 확인하시기 바랍니다.

〈주식 단타 특공대〉를 읽기 전에 반드시 해야 할 이야기가 있습니다

저는 하루에 목표 수익금을 최소 10만원에서 최대 100만원으로 정해 놓고 매매를 합니다. 본업과 삶이 바쁘면 매매를 하지 않습니다. 컨디션이 좋지 않거나 시장 상황이 조금만 좋지 않아도 쉬어 갑니다.

단타 매매로 인생을 바꾼 기가 막힌 스토리와 감동, 비법은 이 책에 없습니다. 그럼에도 불구하고 이 책을 출간하게 된 목적은 단타 매매에 대해 허황된 꿈이나 목표를 가지고 있는 분에게 '진실'을 전달하고 싶어서입니다.

단타 매매를 통해 전업투자자로 성공할 수 있는 사람은 우리 중 극히 소수에 불과합니다.

본문의 내용은 다음 내용을 모두 '동의'한다는 전제하에 전달됩니다. '단타 매매'에 대해 반드시 숙지해야 할 내용을 전달하겠습니다.

첫째, 단타는 '투자Investing'가 아닙니다

단타는 '매매Trading'의 영역입니다. 투자가 '시간'과 함께 동행한다면 단타 매매는 '시간'과 싸우는 영역입니다. '시간'은 절대적 존재입니다. 인간이 시간을 이기는 건 불가능에 가깝습니다.

대한민국 5천만 인구 중에 0.1%는 5만 명입니다. 단타 매매를 하는 사람을 상위 0.1%라고 가정해봅시다. 조용히 오프라인에서 혼자 또는 지인들과 함께 수익을 내는 은둔 고수를 포함해 온라인에서 활동하는 사람까지, 전국을 모두 합치면 5만 명이 될까요? 꾸준하게 오랫동안 시장에서 살아남은 초고수는 10명 미만으로 일고 있습니다.

즉, 인생 역전 확률이 매우 낮은 영역입니다.

둘째, 본업이 탄탄해야 합니다

성공한 전업투자자 중에도 다른 일을 하는 경우가 많습니다.

항상 단타 매매로 수익을 낼 수 있는 실력과 자신감이 있더라도 다른 소득원을 갖는 이유는 '고몰입의 정신노동'이기 때문입니다.

저의 경우는 단타 매매를 3시간 이상 하게 되면 진이 빠져서 이후엔 단순노동만 가능합니다. 유명세와 함께 고가의 강의 또는 유료 콘텐츠로 소득을 내는 이유도 바로 삶의 '안정성'을 갖기 위해서입니다.

이런 고수들도 다른 소득원이 있는 상태에서 매매에 임하는데 초보자가 전업을 한다는 건 무모해도 너무 무모한 행동입니다. 책임져야 할 가족이 있다면 무책임하다고 생각합니다.

단타 매매를 시작한다면 무조건 소액(최대 100만원)으로 시작하길 바랍니다. 그리고 그 돈은 무조건 다 잃는다고 생각하고, 다 잃는다면 중단하는 것이 인생 전체로 봤을 때 이득입니다. 책값과 투자금 100만원으로 내가 단타 매매와 맞지 않는 성향임을 알게 된다면 싸게 교육비를 지불한 겁니다.

단타 매매 잘못했다가 패가망신하는 사람을 신문기사에서 가끔 봤을 겁니다. 다른 곳에서 대출까지 끌어다 쓰는 경우라면 주식 계좌가 아니라 인생 전체가 망가질 수 있습니다.

이 책에는 일반 투자자가 어떻게 수익을 내는지, 저와 제 지인들의 투자 경험과 노하우를 모두 담았습니다. 단타 매매의 원리를 깨닫고 조금이라도 더 나은 삶이 될 수 있기를 바랍니다.

이 책이 세상에 나오기까지 옆에서 응원하고 큰 힘이 된 아내와 가족, 그리고 집필 과정에 도움을 준 출판사에 감사의 마음을 전달합니다.

왜 '단타 특공대'인가?

'특공대'라는 이름에는 의미가 있습니다. 단타 매매는 불특정 다수가 모두 수익을 내는 영역이 아닙니다. 누군가는 수익을 내고, 누군가는 손실을 봅니다. 1시간 안에 빠르게 치고 빠져나가는 매매. 그래서 '특공대'입니다.

단타 특공대는 '딱 1시간만 집중하자'는 철학에서 시작됐습니다. 본업이 있는 개인투자자가 장 시작부터 장 마감까지 모니터 앞에 앉아 있을 수는 없습니다. 9시부터 10시까지 딱 1시간. 그 시간에 집중해서 수익을 내고 본업으로 복귀하는 것이 단타 특공대의 핵심입니다.

이 책의 구성은?

이 책은 단타 매매의 전 과정을 순서대로 담았습니다.

1장
단타 특공대 입소하기

단타 매매를 시작하기 전에 반드시 알아야 할 기본 마인드셋과 차트의 기초, 그리고 계좌 및 자금 관리를 다룹니다. 여기서 기초 훈련을 마쳐야 다음 단계로 넘어갈 수 있습니다.

2장

전투 준비

전날 밤~정규장
개장 전

장이 시작되기 전날 밤부터 개장 직전까지의 준비 과정을 다룹니다. 어떤 종목을 볼 것인지, 아침에 어떤 루틴으로 준비하는지를 설명합니다.

3장

전투 돌입

딱 1시간
집중 매매

9시부터 10시까지의 1시간 집중 매매 시간입니다. 실제로 매매하는 과정과 10시 이후 본업으로 복귀하는 흐름을 담았습니다.

4장

공격 타이밍

매수 타이밍

구체적인 매수 기법을 다룹니다. 눌림목 매매, 돌파 매매, 막시무스 등 실전에서 바로 쓸 수 있는 타점을 설명합니다.

5장

전투 마무리

익절 / 손절

익절과 손절, 그리고 월간 목표 설정을 다룹니다. 수익을 지키고 손실을 줄이는 방법이 여기에 있습니다.

이 책에서 사용하는 **핵심 용어**

주식시장에는 공식 용어보다 투자자들이 실제로 쓰는 표현이 더 많습니다. 사람마다 조금씩 다르게 정의하기도 하죠. 이 책에서는 다음과 같이 정의합니다.

단타
장이 시작되기 전날 밤부터 개장 직전까지의 준비 과정을 다룹니다. 어떤 종목을 볼 것인지, 아침에 어떤 루틴으로 준비하는지를 설명합니다. 당일 매수-매도(데이 트레이딩)를 '단타 매매'로 정의합니다.

상승장
일정 기간(보통 1개월 이상) 지수가 상승 추세를 보이는 시기. 상승종목이 하락종목보다 많을 때를 의미합니다. 지수가 고점을 계속 높입니다.

하락장
일정 기간(보통 1개월 이상) 지수가 하락 추세를 보이는 시기. 하락종목이 상승종목보다 많을 때를 의미합니다. 지수가 저점을 계속 낮춥니다.

횡보장
일정 기간(보통 1개월 이상) 지수가 일정 범위 내에서 등락을 반복하는 시기. 지지-저항이 확연하게 보입니다. 박스권이라고도 부릅니다.

1장 단타 특공대 입소하기

2장 전투 준비
전날 밤~정규장 개장 전

3장 ★ 전투 돌입
딱 1시간 집중 매매

4장 공격 타이밍
매수 타이밍

5장 전투 마무리
익절/손절

※ 〈주식 단타 특공대〉 독자를 위한 특별강의 영상입니다.

1장

단타 특공대
입소하기

단타 매매는 감(感)으로 하는 게 아닙니다.
원칙이 있고, 언어가 있고, 훈련이 있습니다.
전투에 나가기 전, 먼저 입소가 필요합니다.
여기서 기초를 다져야 다음이 열립니다.

주식투자가 불로소득이라고?
(노동소득, 불로소득, 자본소득)

노동소득은 내가 노동을 제공하면 특수 상황이 아닌 이상 소득이 보장됩니다. 그러나 투자는 손실 가능성이 항상 존재합니다.

노동을 육체노동과 정신노동으로 분류한다면 주식투자는 '정신노동'에 해당합니다. 시장 흐름을 읽어내기 위해 신문기사와 경제지표를 확인합니다. 그리고 시장의 주도 섹터와 테마를 선별하고, 그 안에서도 종목을 추리고 또 추립니다. 여기서 끝이 아니라 매매 시나리오를 짜는 과정까지 마쳐야 합니다. 또한 이 시나리오대로 되지 않았을 경우를 대비해 대응책도 마련해야 합니다.

이처럼 주식투자는 고몰입의 정신노동에 해당됩니다. 몸을 움직여 땀을 흘리지 않으므로 노동이라 생각하지 않는 분도 있지만, 단타 매매를 하다 보면 손과 발에 꽤 땀이 납니다.

주식투자로 자신의 주식투자 그릇이 넘쳐나면 '리밸런싱**Rebalancing**'을 통해서 부동산, 채권, 금, 비트코인과 같은 우상향 자산으로 돈을 옮깁니다. 이때부터 '자본소득'이 나오기 시작합니다. 자본소득을 불로소득이라고 하는 사람들은 '자산'을 한 번도 가져보지 않았을 수 있습니다. 임대인만 되더라도 임차인과 국가정책, 그리고 세금과의 전쟁입니다.

그리고 세상을 지배하는 사람들의 대부분은 '정신노동'을 통해서 부를 쌓아왔습니다. 자본주의가 발달할수록 정신노동 소득과 자본소득으로 인해서 양극화는 더욱 심해질 것입니다.

양극화와 빈부격차는 자본주의가 가지는 고유 특성입니다. 같은 종목이라도 누군가는 손해를 볼 수 있고, 누군가는 10억원 이상의 수익을 볼 수 있습니다. 시장은 불평등으로만 이루어져 있습니다. 돈이 돈을 만드는 시기까지는 고몰입의 정신노동을 연속성 있게 해야만 시장에서 살아남아 꾸준히 수익을 낼 수 있습니다.

주식투자를 평소에 도박이나 불로소득이라고 폄하하던 사람들이 꼭 삼성전자나 SK하이닉스가 고공 행진할 때 "삼성전자 지금 사도 돼?"라고 메시지를 보냅니다. 그런 사람에게는 차라리 무능력자가 되는 것이 마음 편합니다.

강의와 책은 당신을
'변신'시켜 주지 못한다

공부를 통해 '기준'을 가지고 투자한다고 해도 소득이 보장되는 것은 아닙니다.

'기준'(=투자 매뉴얼, 매매법)을 갖게 된다는 것은 '확률'을 높이는 무기를 이제 막 얻었을 뿐이지, 그 무기를 제대로 잘 쓴다고 볼 수는 없습니다. '체득화'의 과정이 필요합니다.

최근 주식 강의나 책을 본 후에 바로 '변신'을 할 수 있을 거라고 기대하는 분들이 점점 많아지고 있습니다. 하지만 책과 강의는 '변화'를 위한 첫 시작점, 그리고 동기부여로 삼는 것이 가장 좋습니다.

그래서 (본인 소득 대비) 지나치게 고가의 강의를 듣는 것은 추천하지 않습니다. 기대치가 높은 만큼 실망이 클 뿐만 아니라 똑같은 내용이더라도 똑똑한 사람이 더 많이 얻어갈 수밖에 없기 때문입니다.

투자에서는 '메타인지'*가 매우 중요합니다.

장기투자가
가장 위험한 이유

보통 단타 매매는 위험하고 장기투자는 안전하다고 많이들 생각합니다. 가치투자와 함께 장기투자에 관한 명언들이 많지만, 단타 매매에 대해서는 유독 부정적인 이야기가 많습니다. 하지만 단타 매매에 대한 올바른 이해와 수익 나는 방법을 체득화한다면 한국 주식 시장에서 단타 매매는 훌륭한 재테크가 될 수 있습니다.

한국 주식은 장기투자가 위험하다

저는 한국 주식은 장기투자를 하지 않습니다. 스윙 매매를 하더라도 1달 이내에 매매를 마무리하는 편입니다. 그 이유는 조정장과 하락장이 빈번하게 찾아오기 때문입니다. 즉, 시장 하락에 대한 위험에 노출되기가 쉽습니다. 시장이 하락하면 삼성전자, SK하이닉스, 네이버, 현대차를 비롯한 대형주도 같이 하락합니다.

실제로 국내 주식으로 돈을 못 번 사람들의 대부분은 저평가 가치주를 오랫동안 들고 있다가, 급하게 돈이 필요해지면 어쩔 수 없이 손절하는 경우가 많습니다. 또는 삼성전자와 같은 기업이 망하지 않을 거라는 신념을 가지고 오랫동안 '존버'하다가, 상승 시즌 때 원금을 겨우 찾거나 조금 벌고 나옵니다. 시간 가치를 따지면 물가상승률에도 못 미치는 경우가 허다합니다.

이러한 사실은 데이터로도 명확히 증명됩니다. 코스피**KOSPI** 지수를 시중에 풀린 돈의 양, 즉 M2(광의통화, 가장 넓은 의미의 통화) 통화량으로 나눠보면 한국 증시의 민낯이 여실히 드러납니다.

M2 통화량이 낯선 분들을 위해 쉽게 설명하겠습니다. M2는 '시중에 얼마나 많은 돈이 풀려 있는가'를 나타내는 지표입니다. 정부와 중앙은행이 돈을 많이 찍어낼수록 M2는 늘어납니다. 돈이 많이 풀리면 물가가 오르듯, 주식 가격도 그 영향을 받아 올라 보일 수 있습니다. 즉, 코스피가 올랐다고 해도 그게 진짜 오른 건지, 단순히 돈이 많이 풀려서 숫자만 커진 건지 구분해야 합니다.

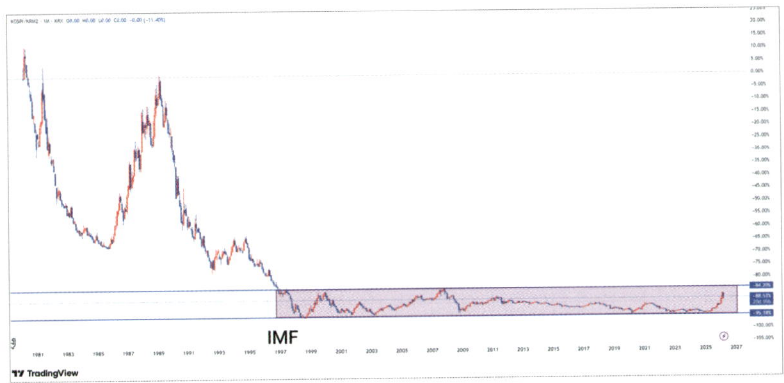

진짜 실력을 확인하는 방법이 바로 코스피를 M2 통화량으로 나눠보는 것입니다.

차트를 보면 한 가지 사실이 바로 눈에 들어옵니다. 코스피를 M2 통화량으로 나눈 수치가 전혀 우상향하지 않는다는 점입니다. 특히, IMF 외환위기 이후부터 지금까지 30년 가까운 시간 동안 일정한 박스권에 완전히 갇혀 있습니다. 코스피 숫자 자체는 올랐습니다. 하지만 그건 진짜 성장이 아니었습니다. 풀린 돈의 양만큼 숫자가 부풀었을 뿐입니다.

똑같은 방식으로 미국 나스닥(NASDAQ) 지수를 M2 통화량으로 나눠보면 어떨까요?

결과는 완전히 다릅니다.

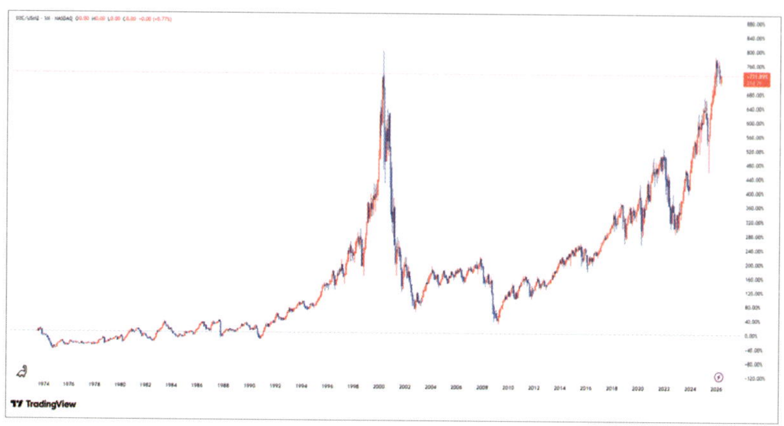

나스닥은 M2로 나눠도 장기적으로 우상향하는 차트를 그립니다. 돈이 많이 풀렸음을 감안해도 미국 주식시장은 실질적으로 성장했다는 뜻입니다. 같은 기준으로 봤을 때 한국과 미국의 주식시장이 얼마나 다른지, 이 비교 하나로 모든 게 설명됩니다.

코스피가 왜 그토록 오랫동안 '박스피'라고 불려 왔는지, 이제 데이터로 이해가 될 겁니다. 시중에 풀린 유동성, 즉 돈의 가치 하락까지 감안하면 우리나라 주식시장은 장기적으로 우상향하는 자산이 아닙니다. 이건 의견이 아닙니다. 숫자가 알려주는 팩트입니다.

게다가 한국 증시는 대외 변수에 유독 취약합니다. 미국이 재채기를 하면 한국은 독감에 걸린다는 말이 괜히 나온 게 아닙니다. 변동성도 그만큼 큽니다.

그렇다고 '한국 주식은 투자하기 나쁜 곳'이라며 비관할 필요는 없습니다. 오히려 반대입니다. 이 특성을 있는 그대로 받아들이고 역이용하면 그만입니다. 남들이 이 시장에서 돈을 잃는 방식으로 버티는 동안 나는 이 시장의 특성으로 돈을 버는 방식을 선택하면 됩니다.

결론은 단순합니다. 우리나라 주식은 막연한 우상향 믿음으로 무작정 쥐고 버티는 장기 가치투자에 맞지 않습니다. 대신 크고 잦은 변동성을 적극적으로 활용해 단기 시세차익을 취하는 전략이 정답입니다. 당일 매매를 끝내는 단타, 혹은 길어도 한 달을 넘기지 않는 '단기 스윙 매매'. 이것이 바로 한국 주식시장에서 살아남는 가장 합리석인 선락입니다.

공시 리스크는 천재지변과 같다

한국 주식을 장기적으로 보유하지 않는 진짜 이유는 바로 '자본시장법' 때문입니다. 관련 업종에 종사하다 보니 자본시장법이 개정될 때면 그에 맞춰서 회사를 운영해야 하기에 꼼꼼하게 법을 보게 됩니다. 그때마다 금융소비자를 보호하기에는 현실과 멀리 떨어진 부분이 많다는 것을 느낍니다.

기업의 재무제표, IR 자료, 증권사 리포트를 아무리 읽어도 기업의 대표나 관계자만 알고 있는 악재를 미리 알 수는 없습니다. 시간이 한참 지나 공시 발표로 개인투자자는 뒤늦게 알게 됩니다. 공시 리스크는 개인투자자가 미리 알고 피할 수가 없기에 저는 이를 '천재지변'과 같다고 이야기합니다.

장기투자를 하게 되면 공시 리스크에 대한 노출이 커집니다. 해당 기업을 공부하면 할수록 투자 대상으로 보는 것이 아니라 종교적 신념을 가지며 맹신하게 되는 경우를 많이 봤습니다. 그래서 저는 한국 주식은 오래 보유하면 할수록 위험하다고 생각합니다.

단타 매매는 보유 리스크가 없다

단타 매매를 잘하면 주식 보유로 인한 리스크를 줄일 수 있습니다. 시장에서 가장 인기 있는 종목을 빠르게 사고팔기 때문에 따로 계좌를 관리할 필요도 없습니다.

내 기준에 맞는 종목이 보이지 않으면 매매를 안 할 수 있습니다. 컨디션이 좋지 않거나 본업 또는 개인 스케줄로 인해서 매매를 쉴 수도 있습니다.

단타 매매를 제대로 공부하고 임한다면, 단타 매매가 무조건 위험하다는 이야기를 더이상 누군가에게 하지 않을 것입니다.

 주식 단타 특공대

단타 매매 체득화의
장점 4가지

장점 1. 하락장에도 수익 기회가 있다

주식시장은 상승, 횡보, 하락을 반복합니다. 여기서 상승장은 일정 기간(보통 1개월 이상) 지수가 상승 추세를 보이는 시기를 말하며, 상승 종목이 하락 종목보다 많을 때를 의미합니다. 하락장과 횡보장도 같은 기준으로 정의할 수 있습니다.

단타 매매는 이런 시장 흐름과 관계없이 수익을 거둘 수 있습니다.

미국 나스닥은 2020년부터 2024년까지 5년 중 1년을 제외하고 모두 플러스 수익을 기록했습니다. 2020년 +43.6%, 2021년

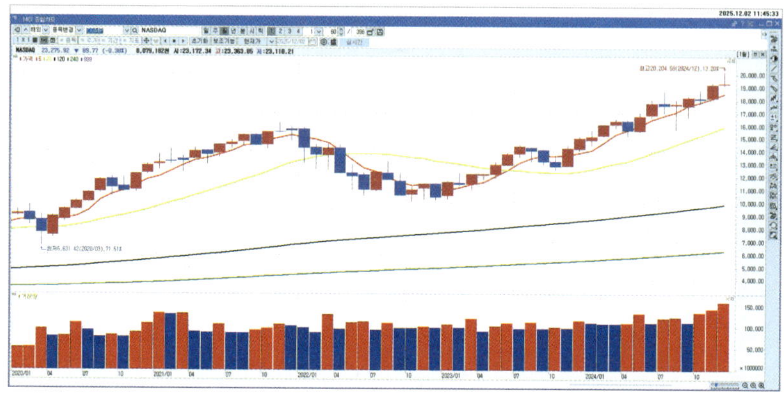

+21.4%, 2023년 +43.4%로 경제 위기를 제외하면 장기적으로 우상향합니다.

반면, 한국 코스피는 일정 기간의 상승이 끝나고 고점을 찍은 후에는 잦은 등락을 거듭하며, 장기적인 우상향 곡선을 그리지 못합니다. 계속해서 오르고 내리는 변동성이 크기 때문에 단타 매매에 적합한 환경입니다.

변동성이 크다는 것은 주가가 자주 크게 움직인다는 의미입니다. 한국 시장에서는 하루에 10~20% 급등하는 종목이 매일 나타납니다. 이런 급등 종목을 당일 포착해서 매매하는 것이 단타의 핵심입니다.

한국 주식시장은 미국처럼 꾸준히 상승하지 않는 대신 급등과 급락이 자주 발생합니다. 저점 매수의 기회가 반복적으로 생기기 때문에 단기간 내에 수익을 얻을 기회가 많습니다.

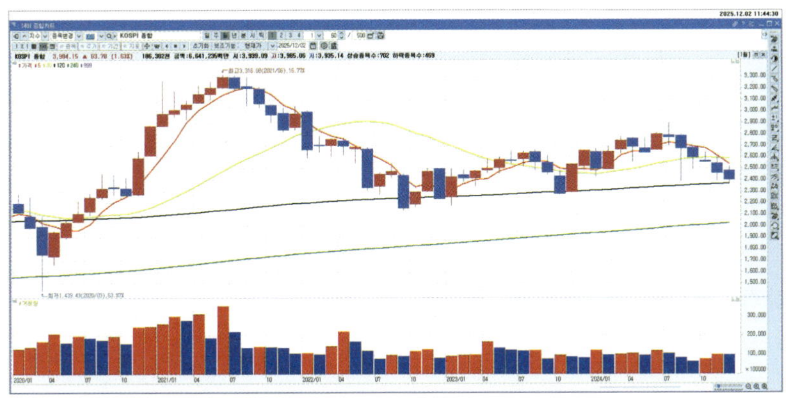

장점 2. 1시간만 집중해도 수익을 낼 수 있다

장 시작 1시간이 골든 타임입니다.

단타 투자자든, 스윙 투자자든 장 시작 1시간이 가장 중요합니다. 거래량이 가장 많이 터지는 시간대이기 때문에 수익을 내기도 가장 쉽습니다. 10분봉으로 지수 차트를 확인해 보면 1년 기준으로 9~10시 사이에 활발한 거래량이 나타나다가 10시 이후에는 줄어드는 것을 알 수 있습니다.

거래량이 많다는 것은 기회가 많다는 뜻입니다.

거래량이 많다는 것은 그만큼 주가가 크게 움직인다는 의미입니다. 급등하는 종목도 이 시간대에 집중됩니다. 당일 상한가를 기록하는 종목의 대부분이 9~10시 사이에 급등을 시작합니다.

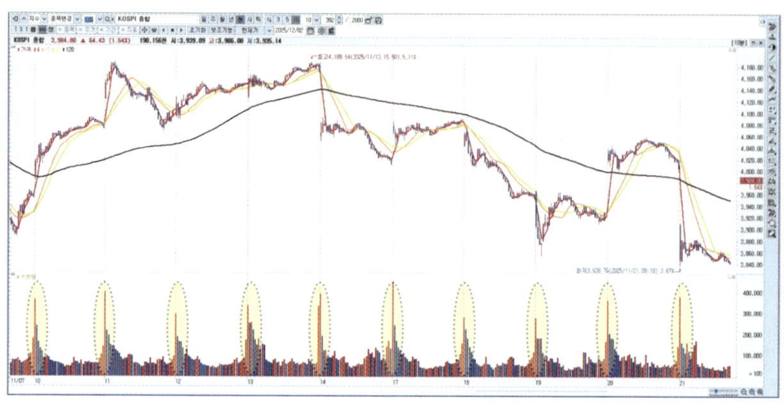

본업을 유지하면서 할 수 있습니다.

1시간만 집중하면 되기 때문에 본업이 있는 직장인도 충분히 할 수 있습니다. 출근 전 또는 재택근무 중에 가능하며, 개인 사정에 따라 1~2시간 더 매매할 수도 있습니다.

본업이 제일 중요합니다. 전업투자자에게는 본업이 '투자'이기 때문에 하루 종일 매매에 전념해야 할 의무감이 생깁니다. 그렇지 않으면 가족들과 함께 길바닥에 나앉을 수도 있습니다.

실력을 쌓을 때까지 단타 매매 수익은 대부분 불안정합니다. 매매법을 배웠다고 해서 머리로 이해한 것과 실제로 경험하는 것은 다르기 때문입니다. 이를 극복하기 위해서는 반복적인 체득화 과정이 필요합니다.

전문가가 되지 말고,
전문가를 활용하라

전문가가 되면 시야가 좁아집니다. 자기 영역 안에서만 세상을 보기 때문입니다. 이걸 '지식인의 저주'라고 합니다. 한 분야를 깊이 파면 팔수록 그 분야를 보던 관점으로만 판단하게 되는 현상입니다. 전문가가 되는 순간, 오히려 전체를 보는 눈을 잃는 겁니다.

투자 세계에서 이게 가장 극명하게 드러납니다. 금융회사에 재직 중인 지인들 이야기를 들어보면, 재테크를 잘하는 것과 회사 업무는 별개라는 말을 종종 듣게 됩니다. 은행, 증권사, 보험사에서 오래 일했다고 해서 실전 투자를 잘하는 건 아닙니다. 각자의 역할이 다를 뿐입니다.

회사를 운영한다고 가정해보면, 법무사, 세무사, 노무사, 변호사, 마케터, 디자이너가 필요합니다. 잠깐 생각해봤는데도 이렇게 많습니다. 이 모든 걸 직접 공부한다고 전문가가 될 수 있을까요? 아닙니다. 그들을 활용하면 되는 일입니다. 컴퓨터 하나 사려고 커뮤니티에서 전문가가 되려는 사람들이 있습니다. 하지만 그 시간에 잘 아는 사람한테 맡기면 그만입니다.

투자도 같은 원리입니다. 재무제표 전문가, 거시경제 전문가가 될 필요가 없습니다. 그걸 공부하다가 정작 시장에서 돈 버는 타이밍을 놓치는 게 더 큰 손실입니다. 좋은 멘토를 찾아 활용하고, 본인은 실전 매매에 집중하면 됩니다.

전문가가 되려 하지 말고, 전문가를 활용하십시오.

장점 3. 100만원으로 시작하라

단타 매매에서는 소액이 오히려 장점입니다. 투자금이 크면 시가총액 1,000억원 정도의 소형주는 매수/매도 물량을 소화하기 어렵습니다.

예를 들어, 투자금이 5억원이라면 시총이 작은 종목은 사고 싶어도 살 수 없습니다. 내가 사는 순간 주가가 급등하고, 팔려고 하면 호가에 물량이 없어서 빠져나오기 힘듭니다.

반면에 100만원~1,000만원 정도의 소액 투자자는 어떤 종목이든 자유롭게 매매할 수 있습니다. 시총 100억짜리 초소형주도 5,000억짜리 중형주도 모두 매매 대상입니다.

호가창 원리와 물량 소화

단타 매매는 시장가 주문으로 빠르게 매수/매도하는 경우가 많습니다. 큰돈으로 작은 종목을 사려고 하면 문제가 생깁니다.

예를 들어봅시다. 한 종목을 10,000원에 사고 싶습니다. 그런데 10,000원에 팔려는 물량이 100주밖에 없다면? 100주만 사면 괜찮습니다. 하지만 10,000주를 사야 한다면 10,000원 100주를 사고 난 뒤, 그 다음은 10,100원, 10,200원으로 점점 비싸게 사야 합니다.

큰돈은 '사고 싶은 가격'에 살 수 없습니다. 작은 돈은 '원하는 가격'에 바로 살 수 있습니다.

소형주일수록 호가 물량이 적습니다.

시총이 작은 종목일수록 호가창에 쌓인 물량이 적습니다. 급등하는 테마주는 호가에 몇백 주씩만 있는 경우도 많습니다.

대형 투자자는 이런 종목을 매매할 수 없습니다. 물량 소화가 안 되기 때문입니다. 소액 투자자는 호가창 물량에 영향을 받지 않고 자유롭게 진입하고 빠져나올 수 있습니다. 이것이 단타 매매에서 소액이 유리한 결정적 이유입니다.

당일 10~20% 급등하는 종목은 대부분 소형주입니다. 삼성전자 같은 대형주는 하루에 5% 오르기도 어렵지만, 시총 500억짜리 테마주는 하루에 30% 급등하기도 합니다. 소액 투자자는 이런 급등주를 자유롭게 매매할 수 있습니다. 이것이 소액 투자자만의 특권입니다.

100만원으로 실력을 키웁시다.

초보자는 최대 100만원 미만으로 단타 매매를 시작하라고 권장합니다. 결국 단타 매매는 '실력'이 수익을 좌우하기 때문에 체득화 과정을 통해서 트레이딩 그릇을 키워야 합니다. 실력이 안 되는데 투자금만 키우면 투자금은 빠르게 녹아서 없어질 것입니다.

그래서 100만원으로 시작해서 200만원 만드는 것을 1차 목표로 도전하라고 합니다. 처음부터 큰 금액으로 시작하면 심리적 부담이 커서 매매법을 제대로 익히기 어렵습니다. 100만원으로 시작해서 매매법이 체득화될 때까지 반복 연습하는 것이 중요합니다.

최선을 다해서 100만원을 가지고 매매를 했는데 모두 잃었다면, 나에게 맞지 않는 재테크 방법이라 생각하고 접는 것도 좋습니다. 더 크게 잃을 수도 있는데, 투자 교육비로 100만원 썼다고 생각하면 비싸게 치르는 건 아닐 겁니다. 단타 매매를 잘못했다가 패가망신하는 사람들을 종종 봅니다. 다른 곳에서 대출까지 끌어다 쓰는 경우라면 주식 계좌가 아니라 인생 전체가 망가질 수 있습니다.

소액으로 시작한다는 것은 안전장치입니다. 100만원으로 내가 단타 매매와 맞는지 검증하는 과정입니다. 매매 실력이 늘면 자연스럽게 투자금을 늘릴 수 있습니다.

장점 4. 현금화가 빠르다

장기투자는 시간을 무기로 삼아 수익의 복리효과를 노립니다. 시세차익 또는 배당 받은 수익금을 재투자하여 투자금을 지속적으로 불려 나갈 수 있습니다. 그런데 이게 이론적으로는 완벽하지만, 실제 현실에서는 발생하기 어렵습니다. 한국 주식시장에서는 애초에 장기투자가 불가능하기 때문입니다.

오랫동안 수익금을 계속 잘 쌓았더라도 경제 공황으로 인해서 주식시장이 폭락하면 수익금을 한 번에 날릴 수도 있습니다.

단타는 수익금을 즉시 현금화합니다.

단타 매매는 당일 매수-매도를 원칙으로 합니다. 오늘 번 수익은 내일 바로 출금할 수 있습니다. 장기투자처럼 몇 개월, 몇 년을 기다릴 필요가 없습니다. 수익금을 빠르게 출금하면서 자금 순환율을 높입니다. 수익금은 계속 인출하면서 장기투자가 적합한 상품에 재투자하거나, 부채 상환을 통해서 삶의 질을 바로 높입니다.

자금 회전율이 높습니다.

같은 100만원이라도 활용 방식이 다릅니다. 장기투자는 100만원을 한 종목에 묶어두고 몇 개월을 기다립니다. 반면 단타 매매는 매일 회전시킬 수 있습니다. 예를 들어, 매일 5%씩만 수익을 낸다고 가정해 봅시다. 한 달에 20일 거래한다면 월 수익률은 단순 계산으로도 100%가 넘습니다. 물론 매일 수익을 내는 것은 쉽지 않지만, 자금을 빠르게 회전시킬 수 있다는 것 자체가 큰 장점입니다.

급하게 돈이 필요할 때 유용합니다.

장기투자는 타이밍이 나쁘면 손실 상태에서 팔아야 하는 경우가 생깁니다. 급하게 돈이 필요한데 주식이 -30%라면 매우 난감합니다.

단타 매매는 기본적으로 현금 보유 상태입니다. 필요할 때 언제든 출금할 수 있습니다. 오늘 매매해서 번 돈은 내일 생활비로 쓸 수 있습니다. 이런 유동성이 단타 매매의 큰 강점입니다.

단타 특공대
수익화 시스템

단타 전용 계좌를 분리하라

단타 전용 계좌를 하나 개설하길 추천합니다. 계좌를 분리해야 스윙/중장기 투자금과 단타 자금이 섞이지 않습니다. 투자금이 섞이면 계좌 관리가 엉망이 됩니다.

증권사마다 계좌 이름이나 별명을 설정할 수 있는 기능이 있습니다. 이를 활용하면 구별이 쉽습니다.

계좌 분리 방법

❶ 증권사를 분리한다.

- **A 증권사** : 스윙/중장기 투자
- **B 증권사** : 단타 전용

② 하나의 증권사에서 계좌를 분리한다.

- 같은 증권사에서 별도 계좌 개설
- 계좌별 이름 설정으로 구분

목표 금액 달성 전까지
투자금을 늘리지 마라

본격적인 투자를 시작하기 전에 먼저 단타 투자금을 결정해야 합니다. 앞서 강조했듯이 100만원 정도가 적당합니다.

100만원으로 시작했다면 목표 금액(200만원)을 달성하기 전까지는 100만원으로만 거래해야 합니다. 100만원으로 수익이 나지 않는데 1,000만원으로 거래한다면 손실금만 더 늘어납니다.

목표 금액을 달성하기 전까지는 추가 입금을 하지 않아야 합니다. 손실이 나더라도 추가로 돈을 넣으면 안 됩니다. 100만원을 다 잃었다면 단타 매매를 중단하고 다시 공부해야 합니다.

월간 목표를 설정하라

대부분의 개인투자자는 월급을 받고 삽니다. 현금 흐름도 월 기준으로 계산합니다. 월세, 보험료, 생활비 모두 월 단위입니다. 그래서 투자 수익도 월 단위로 관리하는 것이 현실적입니다.

■ 월간 목표 설정하는 법

1단계 : 거래일수 체크

먼저 해당 월의 거래일수를 확인합니다. 2026년 6월을 예시로 알아보겠습니다. 네이버에 '2026년 6월 달력'이라고 검색하면 됩니다. 그리고 주말과 공휴일을 빼고 주차별로 계산합니다.

> 예
> - **1주 차** : 4일
> - **2~4주 차** : 5일 × 3 = 15일
> - **5주 차** : 2일
> - **총 거래일수** : 21일

2단계 : 하루 목표수익금 설정

하루 목표수익금을 정합니다. 객관적으로 설정하려면 자신의 시급을 기준으로 삼는 것도 좋습니다. 본업의 시급 이상으로 책정해보세요.

3단계 : 월간 목표수익금 계산

하루 목표수익금 × 거래일수 = 월간 목표수익금

예를 들어, 하루 목표가 10만원이고 거래일수가 22일이라면 월간 목표수익금은 220만원이 됩니다.

4단계 : 주간/월간 복기

매주 주 마감을 통해서 복기를 하고, 매달 월 마감과 수익 정산을 합니다.

수익금은 반드시 인출하라

월간 정산을 했다면 수익금은 전부 인출합니다.

'복리효과'라는 말을 들어봤을 겁니다. 수익금을 재투자해서 눈덩이처럼 불린다는 이상적인 이야기입니다. 하지만 현실은 다릅니다.

영원히 트레이딩을 잘할 수 있는 사람은 없습니다. 아무리 잘하는 사람도 언젠가는 실패합니다. 문제는 수익금을 계속 계좌에 쌓아두면 그 한 번의 실패로 전부 잃을 수 있다는 것입니다. 0원이 됩니다. 트레이딩으로 돈을 벌었거나, 성공했다는 사람이 극소수인 이유가 바로 여기에 있습니다.

수익금 출금에는 세 가지 목적이 있습니다.

- 생활비로 활용할 수 있습니다. 현금 흐름이 생깁니다.
- 한 번의 실패로 전부 잃는 상황을 막을 수 있습니다.
- 심리적으로 리셋됩니다. 다음 달 새롭게 시작할 수 있습니다.

복리는 이상입니다. 인출은 현실입니다.

출금 기준 예시

- 목표수익률 달성 시 (예 100만원 → 150만원)
- 일정 금액 초과 시 (예 200만원 초과분 출금)
- 주간 또는 월간 단위로 정기 출금

출금한 수익금은 함부로 쓰면 안 됩니다. 단타로 번 돈을 불필요한 소비에 쓰면 다시 원점으로 돌아갑니다. 출금한 수익금은 다음과 같이 활용하면 좋습니다.

- 장기투자 상품 재투자 (미국 ETF, 배당주 등)
- 안전자산으로 리밸런싱 (달러, 엔화, 금 등)
- 부채 상환 (고금리 대출부터 우선)
- 비상 예비자금 확보 (현금)
- 자기계발 투자 (교육, 책, 강의)

단타 매매에서 누리지 못 하는 복리 효과를 다른 투자자산에 투자하거나 자기계발에 쓰는 수단으로 활용하는 것이 가장 좋습니다.

단타는 '종잣돈을 만드는 수단'이고, 장기투자는 '자산을 불리는 수단'입니다.

리밸런싱의 중요성

왜 잘 벌고 있을 때가 가장 위험한가?

투자에는 묘한 역설이 있습니다.

돈을 가장 잘 벌고 있을 때가, 사실은 가장 위험한 순간이라는 것입니다.

수익이 쌓이면 자신감이 붙습니다. "나는 좀 하는 사람이구나" 싶어집니다. 비중을 더 실어도 될 것 같고, 다른 종목도 확신이 생깁니다. 그런데 이 확신이야말로 다음 하락장에서 가장 큰 손실을 만드는 씨앗입니다.

인생과 투자를 이야기할 때 마라톤에 많이 비유합니다.

마라톤 선수가 초반 10km를 전력 질주한다고 해서 좋은 기록이 나오지 않습니다. 오히려 후반에 무너집니다. 중간중간 페이스를 조절하는 선수가 끝까지 완주하고, 결국 더 좋은 기록을 냅니다.

리밸런싱Rebalancing은 투자에서의 페이스 조절입니다.

리밸런싱이란 무엇인가?

개념은 간단합니다. 수익이 나면, 그 수익의 일부를 덜어내는 것입니다.

원금을 회수하거나, 수익금의 일정 비율을 현금으로 확보해두는 행위입니다. 화려한 기법이 아닙니다. 오히려 너무 단순해서 무시당하기 쉽습니다.

하지만 이 단순한 행위가 두 가지를 동시에 가능하게 합니다.

첫째, 단기투자의 수익을 실현시켜 줍니다.

수익은 계좌에 찍힌 숫자가 아니라 실제로 덜어낸 금액입니다. 리밸런싱을 해야 비로소 '번 돈'이 됩니다.

둘째, 투자자로서 롱런할 수 있게 해줍니다.

덜어낸 현금은 언제인지 모르지만, 반드시 100% 오게 될 하락에 큰 기회가 됩니다. 영원한 상승만 기대한 자에게는 공포를 주지만 투자자에게는 기회를 잡을 수 있는 여유가 생깁니다.

리밸런싱은 롱런 투자자의 중요한 태도입니다.

(기술은 아웃소싱이 가능하지만 태도는 스스로 체득화 해야 합니다. AI도 윤타도 이건 도움을 주는 데 한계가 있습니다.)

상승장이 끝나면 벌어지는 일

상승장에는 주변에 돈 잘 버는 사람이 넘쳐납니다.

그런데 상승장이 끝나면 어떤 일이 벌어질까요?

"주식으로 돈 좀 벌었다"고 하던 사람들 중 90%가 사라집니다.

사라진다는 것은 비유가 아닙니다. 실제로 시장을 떠난다는 뜻입니다. 벌었던 돈을 다 토해내고, 심지어 원금까지 잃고 나서야 떠납니다.

이유는 하나입니다. 수익을 리밸런싱하지 않고 전부 다시 태웠기 때문입니다.

"조금만 더", "이번만 더"를 반복하다가 하락장을 통째로 맞은 것입니다. 이 패턴은 2017년에도, 2020년에도 반복되었습니다. 그리고 앞으로도 반복될 것입니다.

덜어낸 수익은 어디에 넣을 것인가?

리밸런싱을 했다면 그 다음이 중요합니다.

덜어낸 수익을 다시 계좌에 묵혀두기만 하면 절반만 한 것입니다.

핵심은 현금흐름을 만드는 곳에 넣는 겁니다. 우리는 이걸 '자산'이라고 합니다.

투자, 사업으로 돈을 많이 벌어도 그게 평생 유지되지 않습니다. 그래서 반드시 리밸런싱을 통해서 자산화를 해야 합니다.

다음 달이든, 언제든, 수입이 반의 반토막이 날 수 있습니다. 그래서 잘 벌 때 현금흐름의 파이프라인을 깔아두어야 합니다. 어디에 넣을 수 있을까요?

몇 가지 예를 들면,

❶ **부동산** (상가, 고시원, 게스트하우스, 에어비엔비)

❷ **배당주**

❸ **채권** (CMA, 국채, 단기채)

큰 금액은 아니라서 그 쾌락은 매매를 통한 수익보다 적습니다. 하지만 이런 곳에서 매달 꾸준히 들어오는 현금이 하락장 때 나를 지켜줍니다.

여기서 많은 분들이 실수하는 지점이 있습니다.

돈을 벌면 눈에 보이는 것에 쓰고 싶어집니다. SNS에 자랑하고 싶어집니다. 좋은 차, 좋은 시계, 보여줄 수 있는 것들을 과시합니다. 물론 그것도 인생의 즐거움입니다. 하지만 슈퍼카, 명품시계/가방, 여행보다 현금흐름을 만들어주는 자산이 인생 전체로 봤을 때 결국 도움이 됩니다.

이게 차곡차곡 쌓이면 핸드폰 요금, 정수기, 넷플릭스, 유튜브, 각종 세금들이 공짜가 됩니다. 심지어 아이 교육비도 공짜가 될 수 있습니다.

너무 당연한 이야기처럼 들릴 수 있습니다. 저도 그렇게 생각했습니다. 그런데 놀랍게도, 이것을 실제로 실행하는 사람은 거의 없습니다.

내가 10년 넘게
살아남을 수 있었던 이유

저는 이 업계에서 10년 넘게 살아남았습니다.

솔직하게 말씀드리겠습니다. 실력 때문이 아닙니다.

리밸런싱이라는 태도 덕분이었습니다.

시장이 좋을 때 저도 신이 났습니다. 더 태우고 싶은 유혹도 있었습니다.

하지만 그때마다 덜어냈습니다. 덜어낸 수익은 현금흐름을 만드는 곳에 넣었습니

다. 그래서 시장이 무너졌을 때 버틸 수 있었고, 버텼기 때문에 다음 상승장에서 다

시 벌 수 있었습니다.

이것을 반복했더니, 돈을 써도 써도 줄어들지 않는 구조가 만들어졌습니다. 돈이

돈을 벌어오는 시스템이 완성된 것입니다. 특별한 비법이 아닙니다. 덜어내고, 심

고, 기다리는 것을 반복한 것뿐입니다.

투자에서 가장 중요한 태도

돈을 버는 것은 기술의 영역입니다.

시장이 좋으면 누구나 벌 수 있습니다.

하지만 돈을 지키고, 불리는 구조를 만드는 것은 태도의 영역입니다.

리밸런싱은 투자에서 가장 중요한 태도이며, 제가 아는 최고의 스킬입니다.

수익 나셨다면 진심으로 축하드립니다.

그리고 두 가지를 반복 실행해서 체득화 하세요.

첫째, 수익은 반드시 리밸런싱 하십시오.

둘째, 덜어낸 수익으로 현금흐름을 만드십시오.

그래야 이 시장에서 오래가고,

결국에는 원하는 것을 마음껏 누릴 수 있는 날이 옵니다.

캔들?
8개만 암기하면 끝!

주식 차트를 처음 보면, 빨갛고 파란 막대기들이 복잡하게 늘어서 있습니다.

그 막대기를 '캔들'이라고 부릅니다. 캔들은 단순한 선이 아닙니다. 그날 시장에서 누가 이겼고, 누가 밀렸는지 보여주는 싸움의 기록입니다. 세력의 심리, 돈의 흐름, 매수와 매도의 힘의 균형이 하나의 캔들 안에 그대로 녹아 있습니다.

캔들의 형태

캔들을 읽으려면, 먼저 형태부터 정확히 알아야 합니다.

캔들의 중심에 있는 두꺼운 부분은 '몸통'입니다.

몸통 위로 뻗은 선은 '윗꼬리', 아래로 내려간 선은 '아래꼬리'라고 부릅니다.

이 세 가지가 하나의 캔들을 구성하며, 각 요소가 의미하는 바는 다음과 같습니다.

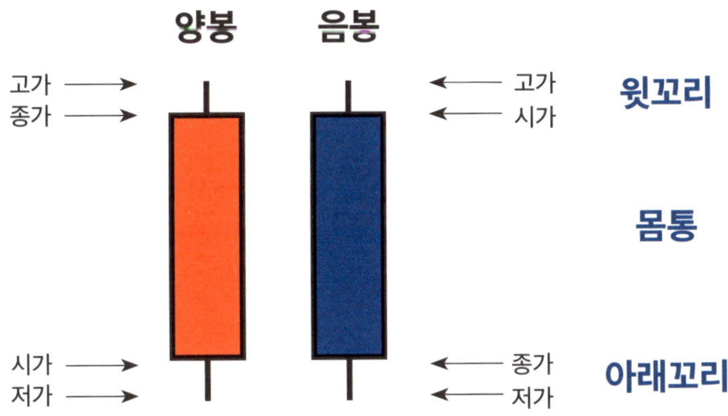

시가 : 오전 9시, 장이 열리면서 처음 거래된 가격

종가 : 오후 3시 30분, 장이 끝나며 마지막으로 체결된 가격

고가 : 하루 중 가장 높았던 가격(윗꼬리의 끝)

저가 : 하루 중 가장 낮았던 가격(아래꼬리의 끝)

양봉은 시가보다 종가가 높았다는 뜻. 즉, 매수세가 매도세보다 강했다는 의미. 하지만 양봉 하나만 보고 단순히 '올랐구나'라고 판단하면 안 되며, 양봉 안에서도 심리의 흐름은 다르게 나타납니다.

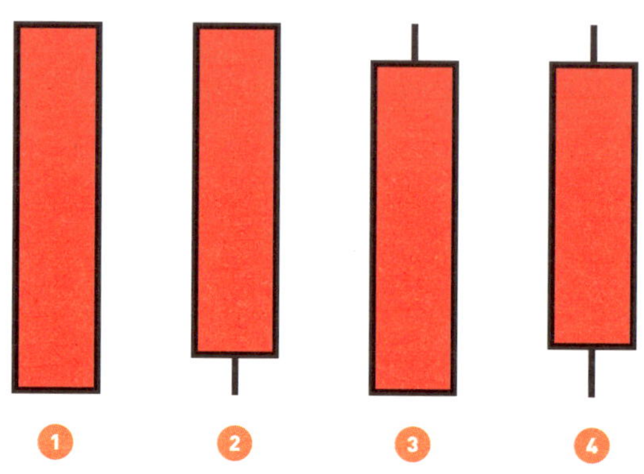

대표적인 양봉 네 가지를 통해, 같은 양봉이라도 어떤 차이가 있는지 살펴보겠습니다.

① 시가가 저가와 거의 같고, 종가가 고가와 거의 같은 양봉. 사려는 힘이 팔려는 힘을 압도한 결과다. 꼬리가 없다는 건 장중에 가격이 되밀린 구간이 거의 없었다는 뜻으로, 네 가지 양봉 중 가장 강한 상승 흐름을 보여준다.

② 장중 시가 아래로 가격이 밀렸지만, 다시 사려는 힘이 붙으며 결국 시가를 넘어서 종가를 형성한 양봉. 아래꼬리가 길수록 한번 빠졌다가 다시 올라온 폭이 크다는 의미다. 아래에서 받쳐주는 힘이 있었다는 뜻이고, 꼬리가 길수록 하락에 대한 불

안감이 클 수 있다.

3 종가가 시가보다 높지만, 고가까지 올랐다가 일부 되밀린 형태. 윗꼬리는 고가 부근에서 팔려는 힘이 나왔다는 의미다. 수익을 챙기려는 물량이 나온 구간일 가능성이 있다.

4 시가 아래로도 밀렸고, 고가에서도 되밀렸지만, 결국 시가보다 높은 종가로 마감한 양봉. 사려는 쪽과 팔려는 쪽 모두 힘겨루기가 있었음을 보여준다. 윗꼬리가 길수록 고가 부근에서 팔려는 힘이 강했다는 뜻이다.

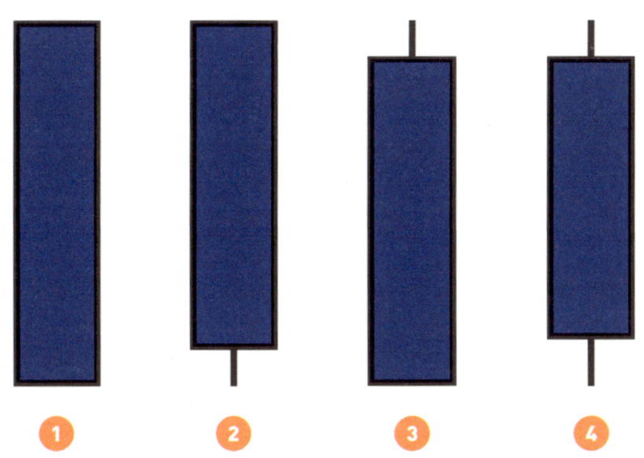

음봉은 시가보다 종가가 낮았다는 뜻. 즉, 팔려는 힘이 사려는 힘보다 강했다는 의미. 하지만 양봉과 마찬가지로, 같은 음봉이라도 그 안에 담긴 심리는 제각각입니다.

대표적인 음봉 네 가지를 통해, 어떤 차이가 있는지 살펴보겠습니다.

❶ 시가가 고가와 거의 같고, 종가가 저가와 거의 같은 음봉. 팔려는 힘이 사려는 힘을 압도한 결과다. 꼬리가 없다는 건 장중에 가격이 반등한 구간이 거의 없었다는 뜻으로, 네 가지 음봉 중 가장 강한 하락 흐름을 보여준다.

❷ 장중 시가 아래로 크게 밀렸지만, 사려는 힘이 붙으며 낙폭을 일부 만회한 음봉. 아래꼬리가 길수록 저가 부근에서 받쳐주는 힘이 있었다는 의미다. 다만 결국 종가는 시가보다 낮게 마감했으므로, 팔려는 힘이 우세했던 결과다.

❸ 종가가 시가보다 낮지만, 장중 시가 위로 올랐다가 되밀린 형태. 윗꼬리는 고가 부근에서 사려는 힘이 한 차례 붙었지만, 결국 팔려는 힘에 눌렸다는 의미다.

❹ 시가 위로도 올랐고, 시가 아래로도 밀렸지만, 결국 시가보다 낮은 종가로 마감한 음봉. 사려는 쪽과 팔려는 쪽 모두 힘겨루기가 있었지만, 최종적으로는 팔려는 힘이 이긴 형태다.

지금 보유하고 있거나 관심 있는 종목의 차트를 한번 열어보세요. 오늘 배운 관점으로 다시 보면, 같은 캔들이 조금 다르게 읽힐 겁니다.

양봉과 음봉 캔들 해석

앞에서 양봉과 음봉 캔들을 하나씩 해석하는 법을 배웠습니다. 이제 한 걸음 더 나아갈 차례입니다. 캔들 여러 개가 이어지는 흐름을 읽을 수 있게 되면 돈이 어디로 움직이는지가 보이기 시작합니다.

■ 캔들의 왕, 장대양봉

장대양봉은 매수할 때 중요한 의미(신호)를 준다.
바닥권에서 장대양봉은 '추세의 전환'을 의미한다.

출처 : 삼성증권 HTS

몸통이 길게 뻗은 양봉을 '장대양봉'이라고 부릅니다. 캔들 중에서도 가장 눈여겨봐야 합니다.

모든 매매의 시작은 장대양봉에서 출발합니다.

이 캔들은 단순한 상승이 아닙니다. 거대한 자금이 실제로 들어왔다는 시그널입니다.

특히 바닥권에서 거래량과 함께 나타난 장대양봉은 '추세 전환'의
신호로 해석할 수 있습니다.

앞으로 매매를 할 때, 이 장대양봉이 보이는 종목부터 먼저 살핍
니다. **세력은 이 캔들로 자신들의 존재를 드러냅니다.**

■ 탈출 신호! 장대음봉

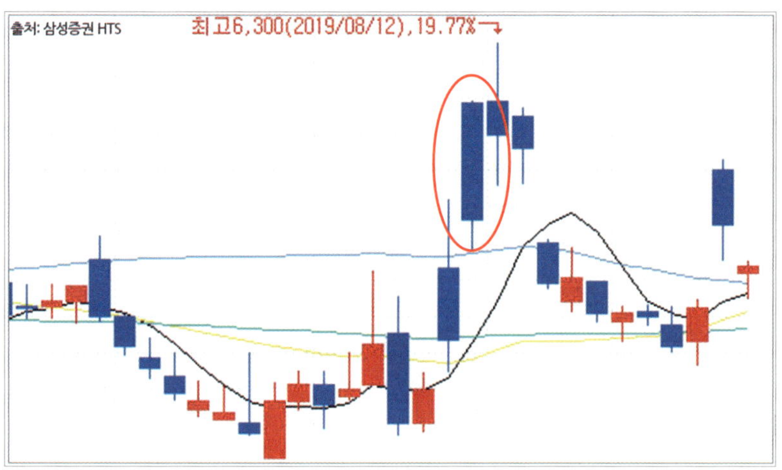

고가권에서 장대음봉은 하락 신호를 준다.

출처 : 삼성증권 HTS

장대음봉은 단순한 하락이 아닙니다. 본격적인 하락이 시작됐다
는 시그널입니다.

특히 거래량까지 동반된 장대음봉이라면, 이건 경고가 아니라 탈
출하라는 신호입니다. 여기서 한 가지 더 기억해야 할 것이 있습니

다. 같은 거래량 동반 장대음봉이라도, 단기 고점 부근에서 나왔다면 위험도는 훨씬 높아집니다. 이미 가격이 많이 오른 자리에서 큰 몸통의 음봉이 거래량과 함께 터졌다면, 그동안 사두었던 물량이 한꺼번에 쏟아졌을 가능성이 큽니다.

그렇다면, 바닥권에서 거래량이 실린 장대음봉은 어떻게 봐야 할까요?

이미 많이 떨어진 자리에서 또다시 큰 음봉이 터지면 공포스럽게 느껴집니다. 하지만 이건 오히려 마지막 투매(손해를 무릅쓰고 싼값에 팔아 버림)일 수 있습니다. 더이상 버티지 못한 사람들이 공포에 한꺼번에 물량을 쏟아낸 것이기 때문입니다. 팔 사람이 다 팔고 나면, 남은 건 사려는 사람뿐입니다.

그래서 바닥권 장대음봉은 하락의 끝자락, 즉 바닥 다지기의 신호로 해석되기도 합니다. 물론 바닥인지 아닌지는 그날 하루만으로 판단할 수 없고, 이후 캔들 흐름과 거래량을 함께 확인해야 합니다.

정리하면 이렇습니다.

고가권 + 거래량 동반 장대음봉 → 탈출 신호

바닥권 + 거래량 동반 장대음봉 → 마지막 투매, 바닥 다지기 신호

바닥권 + 거래량 동반 장대양봉 → 추세 전환 신호

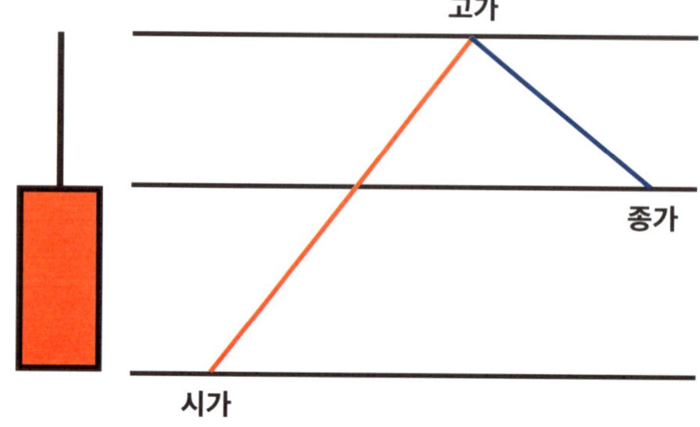

윗꼬리가 긴 양봉은 단순한 상승이 아닙니다.

올랐지만 끝까지 오르지는 못했다는 신호입니다.

장 초반에는 매수세가 강하게 들어왔습니다.

하지만 고점 근처에서 매도세가 유입됐고, 결국 종가는 고가보다 낮게 형성됐습니다.

그래서 윗꼬리가 길게 남았다면, 이건 이런 뜻입니다.

"올라가긴 했지만, 그 가격에선 팔고 싶은 사람이 많았습니다."

특히 단기 고점 부근에서 이런 윗꼬리 양봉이 반복되면, 그 가격대에서 물린 사람들의 물량이 소화되고 있다는 시그널로 해석할 수 있습니다.

무슨 뜻이냐고 하면, 이전에 그 가격대에서 샀다가 물린 사람들이 있습니다. 가격이 다시 올라오면 "이때다" 하고 본전 심리에 팔아 버립니다. 그래서 같은 자리에서 자꾸 윗꼬리가 생기는 겁니다. 쉽게 말해, 올라갈 때마다 누군가가 물량을 던지고 있는 것입니다.

하지만 이 물량이 전부 소화되고 나면? 더이상 팔 사람이 없으니 그때 비로소 가격이 저항을 뚫고 올라갑니다.

그래서 윗꼬리 양봉이 반복되는 구간은 단순히 "못 올라가네"로 볼 게 아니라, 매물이 소화되는 과정으로 읽어야 합니다. 누군가는 이쯤에서 털고 나가겠다는 심리입니다. 양봉이라고 다 좋은 게 아닙니다. 꼬리를 무시하면 흐름을 놓칩니다.

(참고로 "단기 고점이 정확히 며칠 기준이냐"고 궁금한 분들이 있을 겁니다. 정해진 숫자는 없습니다. 보통 최근 며칠간 눈에 띄게 올랐다 싶으면 단기 고점으로 봅니다. 차트를 열어서 "여기가 최근에 많이 올라온 자리구나" 하고 느껴지면 그게 단기 고점입니다. 숫자에 너무 매달리지 마세요. 차트는 계속 보다 보면 눈에 익습니다.)

■ 꼬리로 보는 심리 - 아래꼬리 양봉

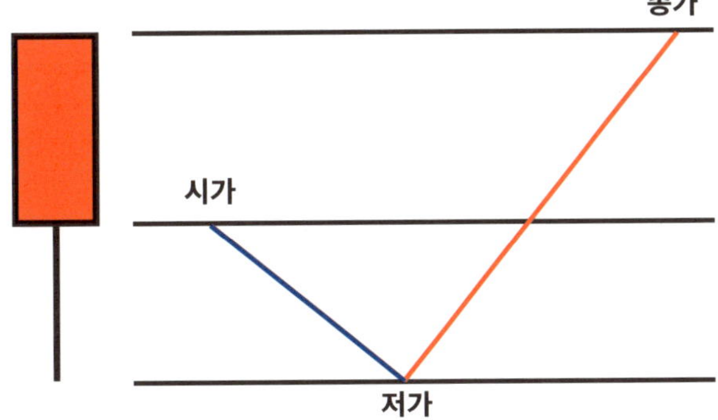

아래꼬리가 긴 양봉은, 하락 중에도 매수세가 반격에 성공했다는 신호입니다.

장중 한때 주가는 크게 밀렸지만, 저가 부근에서 매수세가 강하게 들어오면서 결국 종가는 시가보다 높은 수준에서 마감됐습니다.

이건 다음과 같은 의미입니다.

"이 가격대에서는 사겠다는 사람이 많습니다."

즉, 지지선으로 작용할 가능성이 있는 구간이라는 뜻입니다.

아래꼬리가 길수록, 그 구간에서 싸우는 힘이 강했다는 뜻입니다.

그래서 아래꼬리 양봉이 바닥권에 나올 경우, 반등 시그널로 해석할 수 있습니다. 단, 반드시 다음 날 흐름을 확인해야 합니다.

■ 꼬리로 보는 심리 - 윗꼬리 음봉

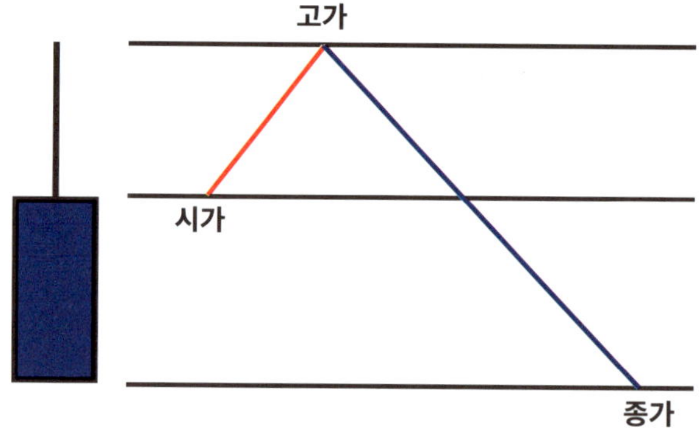

윗꼬리가 긴 음봉은 사려는 시도가 실패로 끝났다는 신호입니다.

장중 고가까지 가격이 올랐지만, 고점 부근에서 팔려는 힘이 터지면서 결국 종가는 시가보다 낮게 마감됐습니다.

"올라가긴 했지만, 버티지 못하고 무너졌습니다."

이 패턴은 어디서 나왔는지가 중요합니다.

단기 고점 부근에서 나왔다면?

➡ 하락 추세의 초입일 가능성이 높습니다.

➡ 이전 상승분을 정리하려는 자금이 빠져나가는 시그널.

바닥권에서 나왔다면?

➡ 반등 시도에 실패했다는 뜻입니다.

➡ 아직 팔려는 힘이 시장을 누르고 있다는 의미.

윗꼬리 음봉은 팔려는 힘이 이긴 흔적이자 경고음입니다. 다음 날 약세가 이어질 확률이 높기 때문에 보유한 종목이라면 조심해야 합니다.

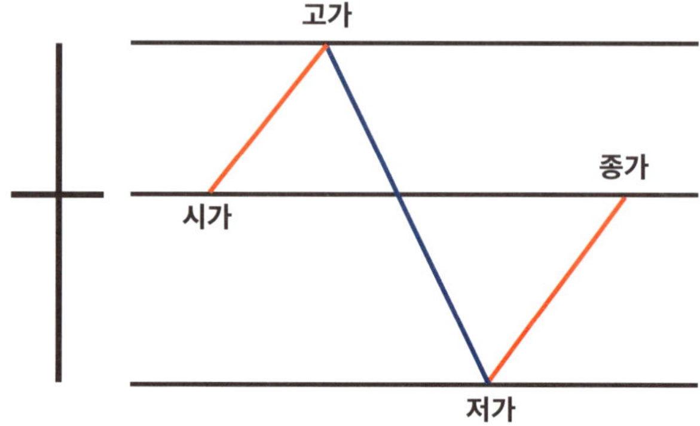

닷지 캔들은 흔히 '십자가 캔들'이라 불립니다. 몸통이 거의 없고, 윗꼬리와 아래꼬리가 길게 남습니다. 이건 사려는 힘과 팔려는 힘이 치열하게 싸웠지만 결국 승부가 나지 않은 상태를 의미합니다. 상승도 하락도 강했지만, 시작한 가격으로 다시 돌아와 심리적 균형 상태로 마감된 것입니다.

"어느 쪽으로든 크게 움직일 수 있는, 폭풍 전야."

닷지 캔들은 그것만으로는 시그널이 아닙니다. 다음 캔들을 통해 방향성이 확정됩니다.

그래서 닷지가 나왔다는 사실보다 중요한 건, 그 다음 날 시장이 어디로 움직이느냐입니다. 특히 단기 고점 부근에서의 닷지는 상승의 한계, 바닥권에서의 닷지는 반등의 탐색으로 해석할 수 있습니다.

닷지를 보면 당장 방향을 판단하려 하지 말고, 다음 날 캔들을 반드시 확인하세요.

이번 장에서 배운 건 단순히 '봉'이 아니라, 시장 참여자들의 심리, 사려는 힘과 팔려는 힘 사이의 줄다리기입니다. 그래서 결론은 단순합니다.

캔들을 해석한다는 건 숫자 대신 '해당 종목 투자자들의 심리'를 읽는 일입니다.

단타 특공대 전략

시가 → 고가 / 저가 → 종가.
그 안의 싸움을 상상하라. 단순한 선을 심리적 전투의 기록으로 바꿔보자.

자본가(세력들)도
조작할 수 없는 단 한 가지!
돈의 흐름 거래량, 거래대금

- **거래량** : 주식이 거래된 '수량'을 의미한다.

- **거래대금** : 거래된 주식의 수량 × 가격 = 돈의 총액

거래량은 말 그대로 '얼마나 많이 사고팔렸는지'를 보여주는 수치이며, 거래량은 '관심'을 수치로 보여주는 데이터입니다.

시장에서 관심이 높아지면, 거래량은 터집니다.

관심이 식으면, 거래량도 같이 식습니다.

■ 거래량/거래대금

출처 : 네이버 지식백과

> 주식유통시장에서 매매된 주식의 수량을 나타낸 것이 '거래량'이며, 이를 금액으로 표시한 것이 '거래대금'이다.
>
> 거래량과 거래대금은 주식시장의 장세를 나타내는 지표로서 주가지수와 함께 주식시장의 경기를 판단하는 중요한 자료로 활용되고 있다. 실제로 주식의 거래량과 주가는 서로 밀접한 관계를 가지고 움직이고 있다.

거래량 = 거래가 성립된 주식 숫자를 의미
거래대금 = 해당 거래 시 주가에 주수(주식수량)를 곱한 금액

"세력이 이 종목을 지금 얼마나 좋아하는가?"

거래량은 바로 시장에서의 '인기'입니다.

거래량 많은 종목 = 사람들이 몰린 종목 = 기회가 생기는 곳

실전 매매에서 거래량은 무엇보다 중요합니다. 기법이고, 차트고, 재료고, 거래량이 없으면 다 무의미합니다. 특히, 단타매매 스윙투자를 한다면 '거래량'을 항상 제일 먼저 체크해야 합니다.

단타 특공대 전략

"거래량이 많으면 거래대금도 당연히 높은 거 아닌가요?"

꼭 그렇지는 않습니다. 거래대금은 '주가×거래량'이기 때문에, 주가가 낮은 종목은 거래량이 아무리 많아도 거래대금이 작을 수 있습니다.
예를 들어, 500원짜리 종목이 10만 주 거래되면 거래대금은 5,000만원입니다. 반면 5만원짜리 종목은 1,000주만 거래돼도 거래대금이 5,000만원입니다. 거래량은 100배 차이인데, 돈의 크기는 같습니다.
그래서 거래량은 '얼마나 잦은 거래가 일어났는지(빈도)', 거래대금은 '얼마나 큰 판돈이 움직였는지(규모)'로 구분하면 됩니다. 실전에서는 둘 다 보지만, 진짜 세력의 큰돈이 들어왔는지를 확인하려면 거래대금을 봐야 합니다.

거래량 많다고 무조건 좋은 건 아닙니다!

거래량이 많으면 기회라고 했지만 예외가 있습니다. 거래량의 숫자만 보고 판단하면 오히려 큰 손실로 이어질 수 있습니다.

❶ 상한가/하한가에 걸린 거래량

매수(또는 매도) 한쪽에만 물량이 쌓여 있는 거래량은 내가 원하는 타이밍에 사고팔 수 없습니다. 거래량이 많아 보여도 실질적으로는 '갇힌 물량'입니다. 특히 하한가에 걸린 종목은 팔고 싶어도 못 파는 상황이 며칠씩 이어질 수 있습니다.

❷ 급등 후 터지는 거래량

주가가 이미 크게 오른 뒤 거래량이 폭증하는 건, 세력이 물량을 넘기는 신호일 수 있습니다. "거래량 터졌다!" 하고 뛰어들면 고점에 물릴 수 있습니다. 평소 거래량 대비 비정상적으로 많은 거래량이 급등 끝자락에서 나온다면, 그건 기회가 아니라 경고입니다.

❸ 뉴스 한 방에 터진 거래량

테마나 뉴스로 갑자기 거래량이 몰린 종목은 관심이 빠지는 속도도 빠릅니다. 오늘 거래량 1위였던 종목이 내일은 거래가 뚝 끊기는 경우가 흔합니다. 일시적 거래량인지, 지속적 관심인지를 구분해야 합니다.

■ 거래량이 없으면 어떻게 될까?

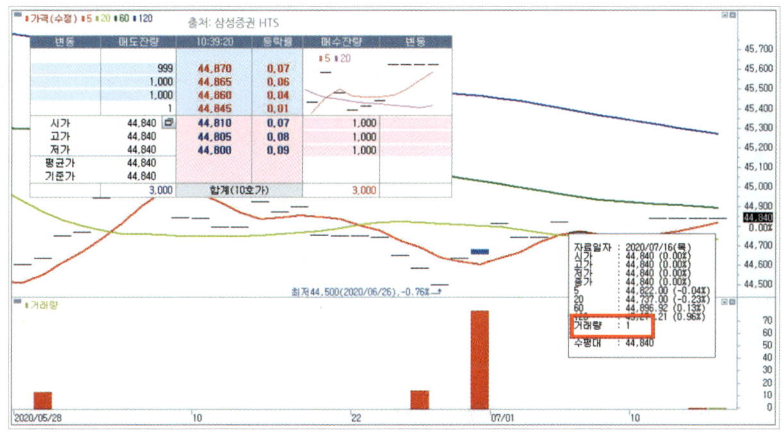

거래가 원활하지 않아 사고팔기가 어렵습니다.
이 원리는 ETF, ETN 투자종목을 고를 때도 마찬가지입니다. 거래량이 적은 ETF는
원하는 가격에 사고팔기 어렵기 때문에 종목 선택 시 반드시 거래량을 확인해야 합
니다.
혹은, 거래가 없다는 건 사고파는 사람이 거의 없다는 뜻입니다.
주가가 좋아 보여도 팔 사람이 없으면 못 사고, 살 사람이 없으면 못 팝니다. 거래가
안 되는 종목은 그 자체로 리스크입니다.
(이 원리는 ETF, ETN 투자종목을 고를 때도 마찬가지입니다. 거래량이 적은 ETF
는 원하는 가격에 사고팔기 어렵기 때문에 종목 선택 시 반드시 거래량을 확인해야
합니다.)

거래량은 '얼마나 많은가'보다 '언제, 어디서, 왜 터졌는가'가 더 중
요합니다. 숫자에 속지 말고, 맥락을 읽어야 합니다.

거래가 없다는 건, 사고파는 사람이 거의 없다는 뜻입니다.

주가가 좋아 보여도 팔 사람이 없으면 못 사고, 살 사람이 없으면
못 팝니다. 거래가 안 되는 종목은 그 자체로 리스크입니다.

■ 거래량 단위에 주목하자

HTS 화면 거래량 차트 아래를 보면 ×100, ×1,000 같은 단위 배율이 표시되어 있습니다. 이걸 놓치면 거래량이 100주인지 10,000주인지 전혀 다르게 읽히게 됩니다. 거래량 차트를 볼 때는 캔들 모양보다 먼저 단위부터 확인하는 습관을 들이세요.

거래량 차트에서 흔히 하는 실수가 하나 있습니다.

캔들만 보고 거래량이 적다고 착각하는 것. 거래량 차트의 '단위'를 반드시 확인해야 합니다. 거래량 캔들의 크기는 상대적 변화를 가늠할 때 쓰고, 숫자로 절대적 크기를 알 수 있습니다.

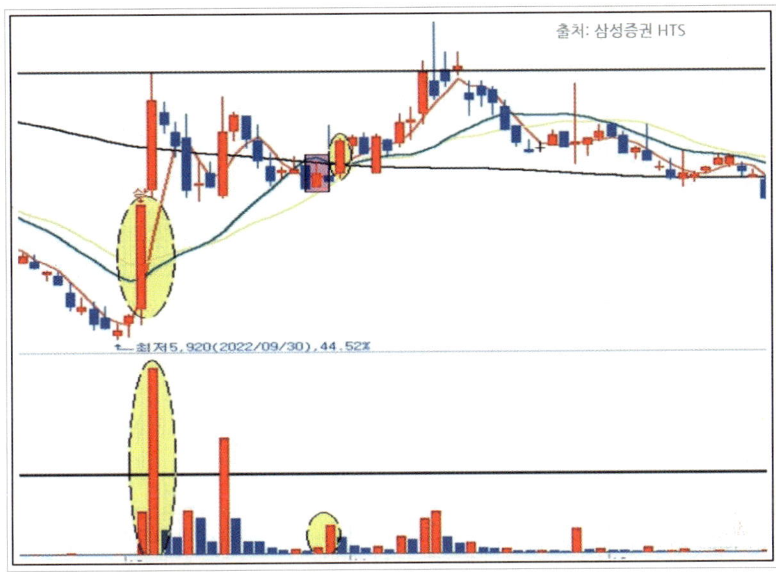

양봉에 거래량이 실렸다는 건, 그 상승에 실제 돈이 들어왔다는 뜻입니다. 거래량 없는 상승은 신뢰도가 낮지만 거래량이 동반된 상승은 의미가 다릅니다.

[바닥권에서 거래량이 터진 장대양봉]
오랫동안 관심을 받지 못하던 종목에 갑자기 큰돈이 들어왔다는 뜻입니다. 이건 '추세 전환'의 신호탄으로 해석할 수 있습니다.
다만 하루만 보고 판단하면 안 됩니다. 다음 날 캔들이 양봉으로 이어지는지, 거래량이 유지되는지를 함께 확인해야 합니다.

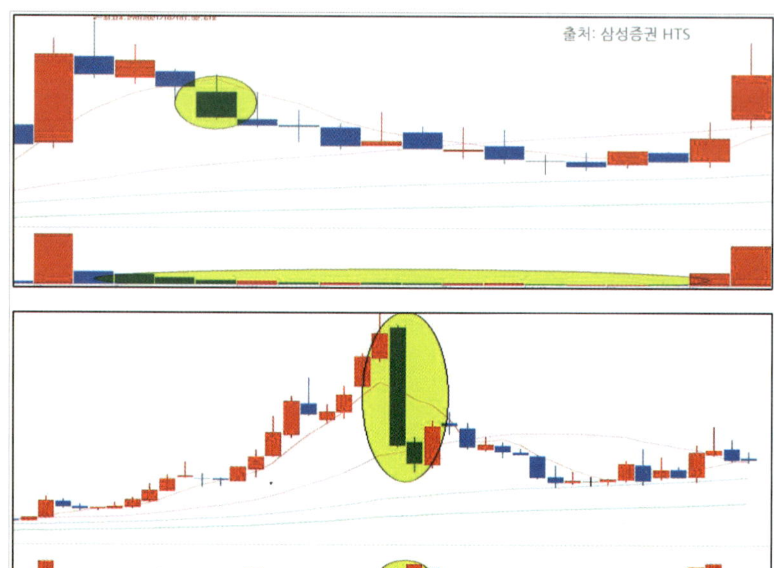

① 거래량이 작은 음봉

상승 중에 거래량 없이 가격이 살짝 빠지는 경우가 있습니다. 이건 눌림이라고 합니다. 상승하던 주가가 잠깐 숨을 고르는 구간입니다. 공포에 의한 투매가 아니라 일시적으로 사려는 힘이 빠진 것이기 때문에 오히려 매수 기회로 볼 수 있습니다.

② 거래량이 큰 음봉

큰 거래량과 함께 음봉이 나왔다면, 이건 해당 종목을 완전히 정리하려는 물량이 쏟아졌을 가능성이 높습니다. 단순한 조정이 아니라 진짜로 빠져나가려는 매도입니다. 특히 단기 고점 부근에서 이런 음봉이 나왔다면 위험 신호입니다.

■ 캔들 & 거래량 해석

상황	해석	시그널
바닥권 + 거래량 큰 장대양봉	큰돈이 새로 유입	추세 전환 신호
상승 중 + 거래량 작은 음봉	일시적 숨 고르기 (눌림)	매수 기회 가능
고점 부근 + 거래량 큰 장대음봉	보유 물량 대량 청산	탈출 신호
바닥권 + 거래량 큰 장대음봉	마지막 투매 (공포 매도)	바닥 다지기 신호

양봉이라고 안심하면 안 됩니다!

캔들이 양봉이면 '올랐으니까 좋은 거 아니야?'라고 생각하기 쉽습니다. 하지만 양봉에도 위험한 양봉이 있습니다. 캔들의 색깔만 보지 마세요. 양봉이든 음봉이든, 거래량과 함께 읽어야 진짜 의미가 보입니다.

① 윗꼬리가 긴 양봉 + 거래량 폭증

종가는 올랐지만, 장중에 훨씬 더 높은 가격까지 갔다가 밀려 내려온 겁니다. 거래량까지 많다면 '위에서 누군가 대량으로 물량을 넘겼다'는 뜻입니다. 주가를 끌어올려 놓고 기다리던 물량을 털어낸 것일 수 있습니다.

② 연속 급등 끝 양봉 + 역대급 거래량

며칠째 오르다가 마지막에 가장 큰 양봉, 가장 많은 거래량이 나온다면 주의해야 합니다. 이건 '마지막으로 사고 싶은 사람이 다 들어왔다'는 신호일 수 있습니다. 살 사람이 다 사면, 남은 건 하락뿐입니다.

③ 갭 상승 양봉인데 거래량은 줄어드는 경우

시초가가 확 뛴 채로 양봉 마감했지만 거래량이 전일보다 적다면, 후속 매수세가 약하다는 뜻입니다. 다음 날 갭을 메우며 빠지는 경우가 많습니다.

지지에 사서
저항에서 팔아라

주가는 단순히 위아래로 움직이지 않습니다. 어디까지 올라갈 수 있을지, 어디서 멈출지를 결정짓는 '선'들이 있습니다.

그 선을 넘으면 흐름이 바뀌고, 그 선을 못 넘으면 흐름이 꺾입니다.

지지는 바닥이고, 저항은 천장입니다.

이제부터는, 그 바닥과 천장을 어떻게 찾는지, 그리고 그 선이 어떻게 매수/매도의 근거가 되는지 알아보겠습니다.

지지는 바닥이다

■ 지지

정의 : 캔들이 떨어지지 않고 버텨주는 지점(주가)
1. 지지가 되는 지점에 선을 긋는다.
2. 주가가 상승(반등)하는 모습이 자주 나타난다.
3. 지지가 되는 것을 확인한다. (매수계획 수립)

지지는, 캔들이 떨어지지 않고 버텨주는 가격대/지점입니다.

차트에서 주가가 자꾸 멈추고 반등하는 자리가 있습니다. 그 지점이 바로 '지지선'입니다.

1. 지지선을 찾는 방법

① 반등이 반복된 자리를 찾는다.

주가가 멈췄다가 튀어 오른 자리. 그 자리를 기준으로 선을 긋는다.

② 최근 고점과 저점을 기준으로 확인한다.

특히 거래량과 함께 지켜낸 자리는 더 강하다.

③ 선은 정확한 '가격'보다 '구간'으로 본다.

10원, 100원 차이로 흔들리지 말 것. 지지는 칼로 자른 듯 딱 떨어지는 가격이 아니라 그 근처 구간 전체를 의미한다.

2. 중요한 개념 하나 : 지지와 저항은 한 몸이다

강한 지지가 깨지면, 그 자리는 곧 저항이 될 수 있습니다.

강한 저항을 돌파하면, 그 자리는 새로운 지지가 되기도 합니다.

그래서 이 개념을 나눠서 보지 않습니다. 지지/저항, 늘 붙여서 말합니다.

저항은 천장이다

■ 저항

정의 : 캔들이 올라가지 않고 방해하는 지점(주가)
1. 저항이 되는 지점에 선을 긋는다.
2. 매도의 기준을 잡을 수 있다. (분할 매도 = 나눠서 파는 것)
3. 저항선을 뚫을지, 맞고 떨어질지 정확하게 알 수 없다. 뚫으면 큰 상승이 올 수 있고, 못 뚫으면 다시 하락할 수 있다. 어느 쪽이 될지 모르기 때문에, 한 번에 다 팔지 말고 나눠서 대응하는 분할매도를 익혀야 한다.

저항은 캔들이 올라가지 못하고 막히는 지점입니다.

지지를 봤다면, 이제는 저항을 봐야 합니다.

저항이란 주가가 올라가다 부딪히고 밀려나는 지점입니다.

"위로 못 가는 선이 저항입니다."

저항선이 중요한 이유

상승 중인 종목이라도 저항을 만나면 멈추거나 꺾입니다. 따라서 매도 기준을 잡으려면 반드시 저항선을 봐야 합니다.

저항이 생기는 이유

왜 저항이 생기는 걸까요? 이전에 그 가격대에서 샀다가 물린 사람들이 있기 때문입니다. 가격이 다시 올라오면 '이때다' 하고 본전 심리에 팔아버립니다. 그래서 같은 자리에서 자꾸 가격이 막히는 겁니다. 하지만 이 물량이 전부 소화되고 나면? 더이상 팔 사람이 없으니, 그때 비로소 가격이 저항을 뚫고 올라갑니다.

단타 특공대 전략

저항선에서 해야 할 생각
① 이 자리를 돌파할 수 있을까?
② 아니면 여기서 다시 꺾일까?
정확히 맞출 수는 없다. 그래서 정답은 이것이다. '모르면 반만 판다.'

MTS 기본 세팅하기

MTS/HTS 세팅의 필요성

주식투자에서 자신만의 투자 환경 세팅은 필수입니다. 어떤 화면을 먼저 보게 할 것인지, 어떤 지표를 띄워 놓을지, 시장을 어떤 시선으로 바라볼 것인지는 결국 '환경'이 결정합니다.

각자 사용하는 증권사가 다를 것이니 필요한 정보를 확인한 후에 각자 증권사 프로그램에 맞는 세팅을 찾아 사용하면 됩니다. MTS와 HTS가 동일하게 세팅되지 않는 경우도 있습니다. 그럴 땐 과감히 포기하세요. 수익 내는 데 크게 지장 없습니다. 중요한 건 내가 시장을 해석하고, 그에 따라 움직일 수 있는 기본 틀을 갖췄느냐입니다. 틀이 정리되면 '판단 → 행동' 구조가 빨라집니다.

MTS 세팅

이하의 설명은 삼성증권 MTS 환경을 기준으로 구성했습니다.

1. 즐겨찾기

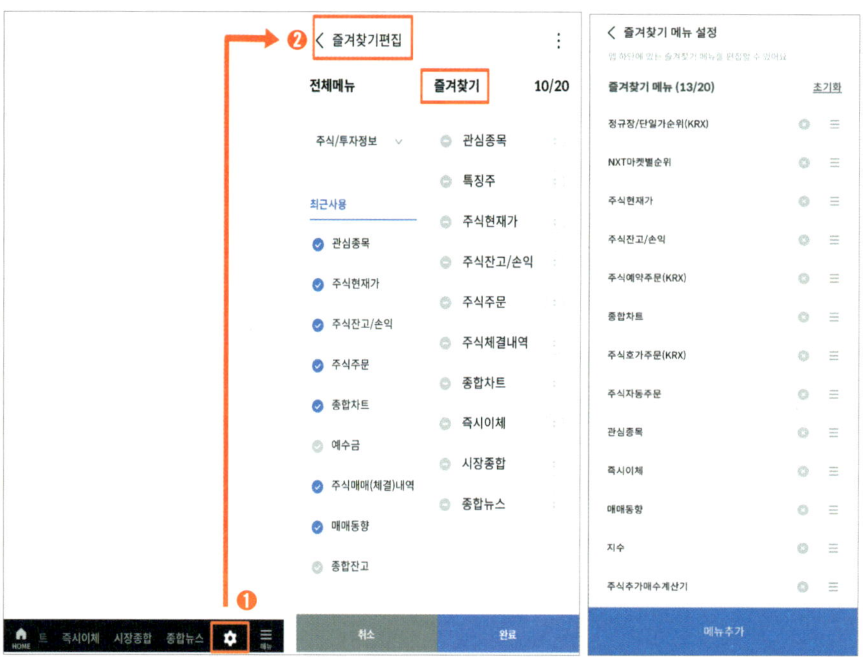

① 화면 하단 메뉴에서 왼쪽으로 스와이프 하면 톱니바퀴 아이콘
(설정)이 나타납니다. 이를 선택하여 즐겨찾기 편집 화면으로
진입합니다.

② 즐겨찾기 편집 화면에서는 자주 사용하는 메뉴를 선택하고,

　　　　　　　　　　　　　　　　　　　　　　주식 단타 특공대

원하는 순서로 정렬할 수 있습니다. 오른쪽 리스트에서 13개
를 추가하면 됩니다.

2. 호가창

① **금일 거래량** : 해당 종목의
당일 누적 거래량이 표시
됩니다. 투자심리 및 체결
강도를 판단하는 데 참고
할 수 있습니다.

② **매도호가창** : 상단에는 매도
대기 물량이 표시되며, 각
가격대별로 매도 희망 수
량과 해당 가격이 함께 나
타납니다.

③ **매수호가창** : 하단에는 매수
대기 물량이 표시되며, 매

수 희망 수량과 해당 가격이 함께 나타납니다.

④ **잔량** : 매도잔량, 매수잔량이 표시됩니다. 매도잔량이 많다는
것은 현재가 위에 매도 물량이 쌓여 있다는 의미입니다. 이 물
량을 뚫고 올라가려면 그만큼 강한 매수세가 필요하고, 그 매
수세가 터지면 주가가 급등할 수 있습니다.

호가창 우측 중앙 네 개의 점(●●●●)은 페이지 전환 기능을 의미합니다.

- 첫 번째 점에서는 종목의 주가 관련 정보(52주 최고가·최저가, 이동평균선, 기준가 등)를 확인할 수 있습니다.
- 네 번째 점으로 이동하면, 종목의 기본 정보(업종, 시가총액, PER, PBR 등)를 열람할 수 있습니다.

3. 지수차트

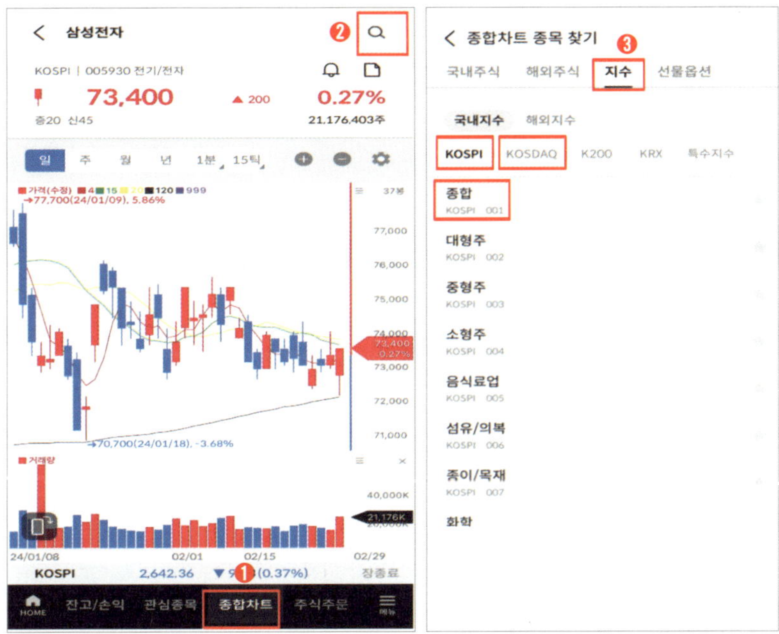

1 하단 메뉴에서 '종합차트'를 누릅니다.

2 상단의 '검색바'를 클릭합니다.

3 '종합차트 종목 찾기' 화면에서 상단 탭 중 '지수'를 선택한 뒤, KOSPI 또는 KOSDAQ 등의 지수 항목을 고르면 해당 지수의 차트를 확인할 수 있습니다.

4. 기타 기능

1 보조지표(이동평균선, 거래량 등) 설정 방법

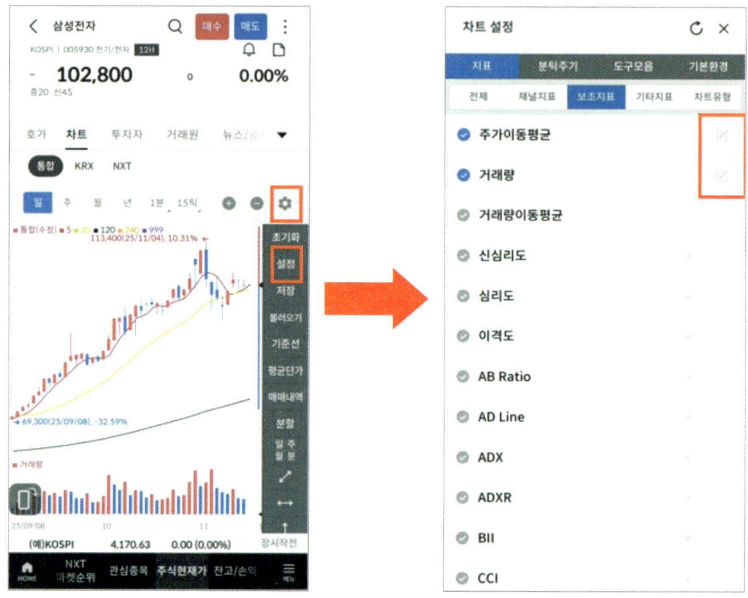

① 차트 화면 우측 상단의 톱니바퀴 아이콘(설정)을 누른 뒤, 우측 사이드 메뉴에서 '설정'을 선택합니다.

② '차트 설정' 화면에서 '지표' → '보조지표' 항목으로 이동하면, 주가이동평균선(이평선), 거래량 등 주요 지표들을 선택 및 설정할 수 있습니다.

③ 우측의 연필 모양 아이콘을 클릭하면, 기간, 색상, 선 굵기 등 세부 설정도 가능합니다.

   주식 단타 특공대

이 기능을 활용해 자신의 투자 스타일에 맞는 이평선 환경을 구성하면 보다 직관적인 차트 분석이 가능해집니다.

2 이동평균선 설정 방법

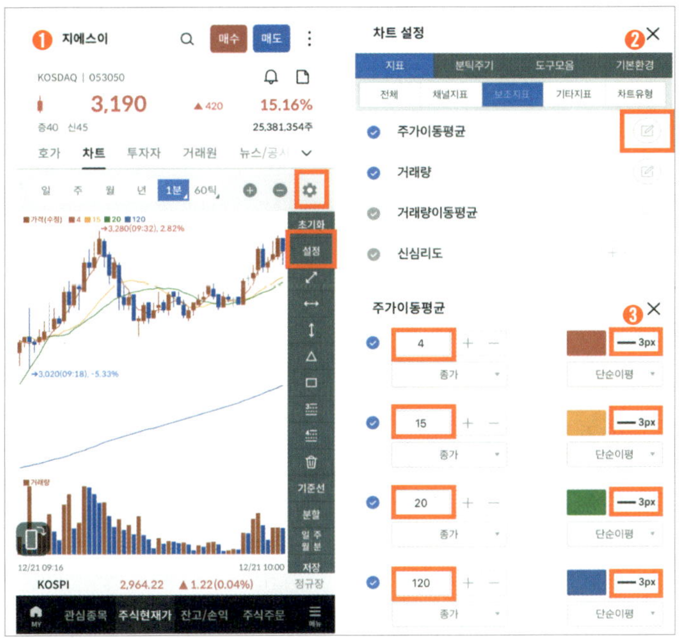

이동평균선(이하 이평선)은 절대지표가 아닌 보조지표입니다. 단타매매에서 이평선을 쓰는 목적은 '주가의 흐름을 파악하기 위함'입니다. 캔들의 움직임과 함께 보는 연습을 하면 됩니다. 다른 보조지표는 공황장애를 유발할 뿐입니다. 이평선만 잘 체득하시기 바랍니다. (막시무스 제외)

4일선, 15일선, 20일선, 120일선을 두께 3px로 세팅합니다. 증권사마다 다르니 꼭 3px일 필요는 없습니다. 너무 얇으면 오히려 매매에 방해가 되므로 두껍게 설정하는데, 이게 오히려 방해가 된다면 개인 취향에 맞춰 세팅해도 좋습니다. 다른 선들은 단타 매매할 때 방해만 되니 모두 삭제합니다.

❸ 거래량 설정 방법

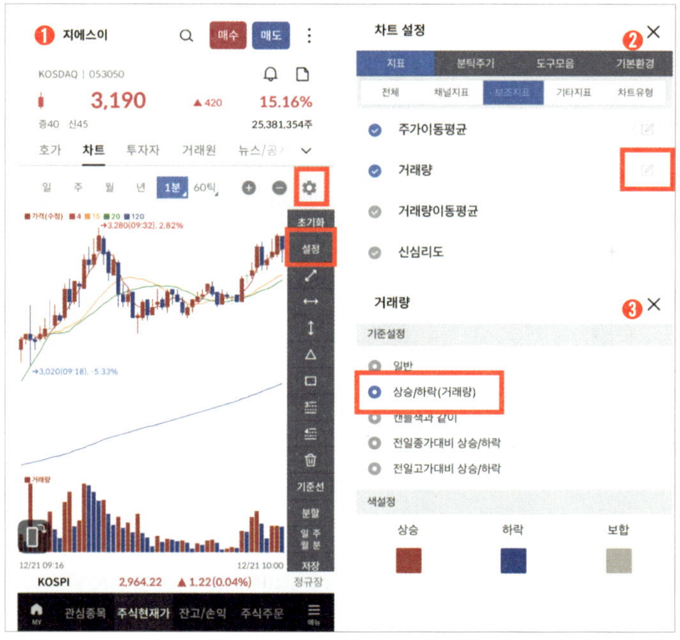

거래량 세팅은 '상승/하락(거래량)'으로 설정합니다. 전날 거래량보다 오늘 거래량이 많다면 양봉으로, 적다면 음봉으로 나타납니다.

거래량의 증감 추이를 파악하기 위해서입니다.

이건 매우 중요한 세팅입니다. 뒤에서도 자세하게 설명하겠지만, **거래량이 터진 양봉이 나타난 뒤, 이후 거래량이 줄어들면서 눌림 구간(소폭 하락 또는 횡보)이 나오고, 그 자리에서 지지가 확인되면 매수 타이밍을 노립니다.**

위 문장을 반드시 외워두세요. 외워야 실전에서 바로 적용할 수 있습니다. 주식은 먼저 외우고, 나중에 몸으로 익히는 겁니다.

4 당일시가 / 평단가 / 매매내역 표시 설정

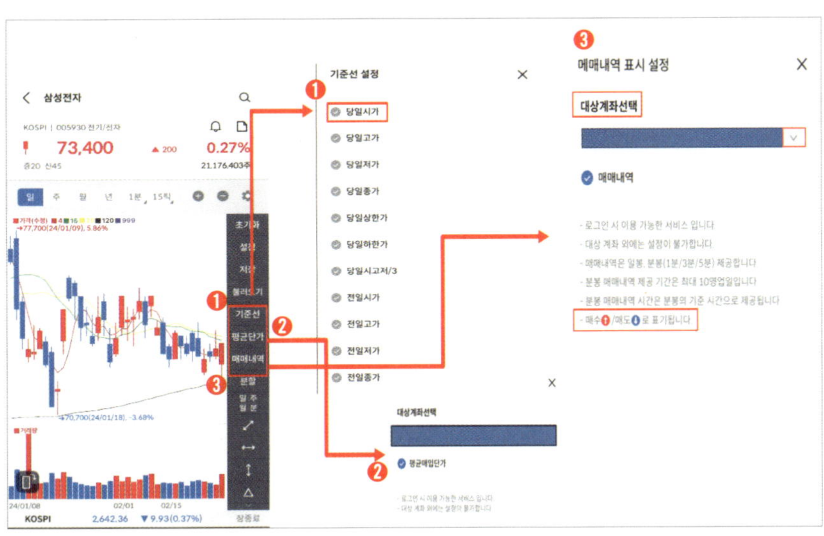

❶ 기준선 설정 메뉴에서는 당일 시가, 고가, 저가 등 원하는 가격

기준선을 설정할 수 있습니다. 이를 통해 차트에 의미 있는 가격 구간을 선으로 표시하여 참고할 수 있습니다.

② 평균단가 설정에서는 사용자가 매매한 계좌를 선택하면, 해당 종목의 평균 매입단가가 차트 상에 표시됩니다. 이를 통해 현재가 대비 손익을 직관적으로 확인할 수 있습니다.

③ 매매내역 표시를 활성화한 뒤 계좌를 지정하면, 매수/매도 시점이 차트에 화살표로 시각적으로 표시됩니다. 이는 복기에 유용합니다.

5 추세선 수치 표시

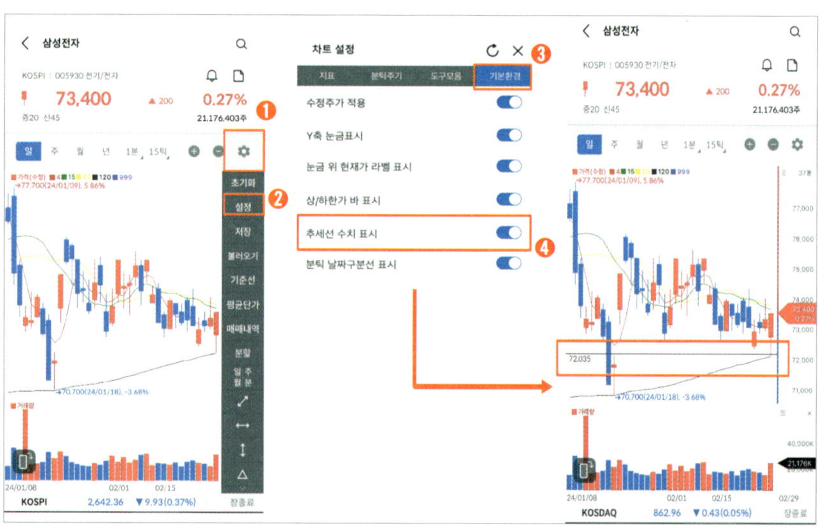

① 톱니바퀴 모양을 선택합니다.　② '설정'을 선택합니다.

❸ 차트설정에서 '기본환경'을 선택합니다.

❹ 추세선 수치 표시를 활성화합니다. '단기'를 누르면 차트에 추
세선 숫자가 표시됩니다.

6 차트 설정 저장

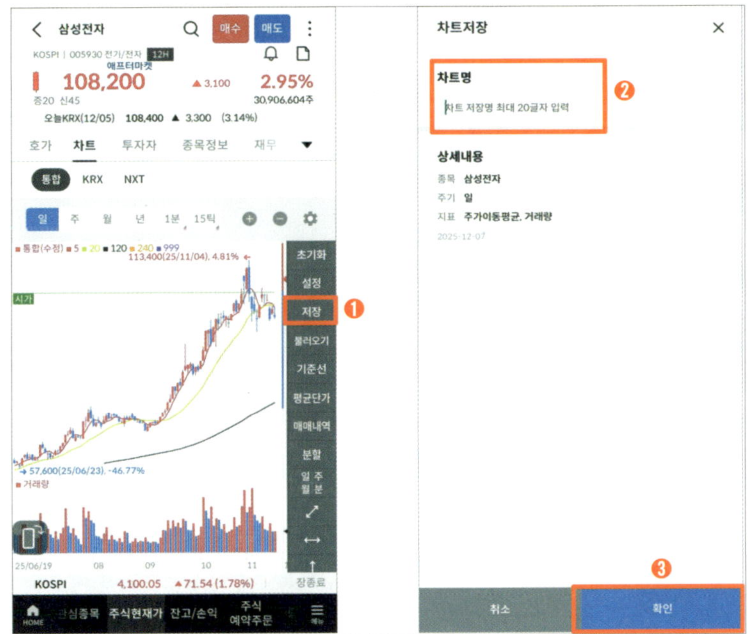

❶ 이평선과 추세선 수치 설정을 완료하고 '저장'을 눌러주세요.

❷ 차트명에 '단타'라고 입력하세요.

❸ '확인'을 누르면 저장 완료입니다. '불러오기'에서 단타를 선택
하면 사용할 수 있습니다.

7 알람 설정 / 메모장

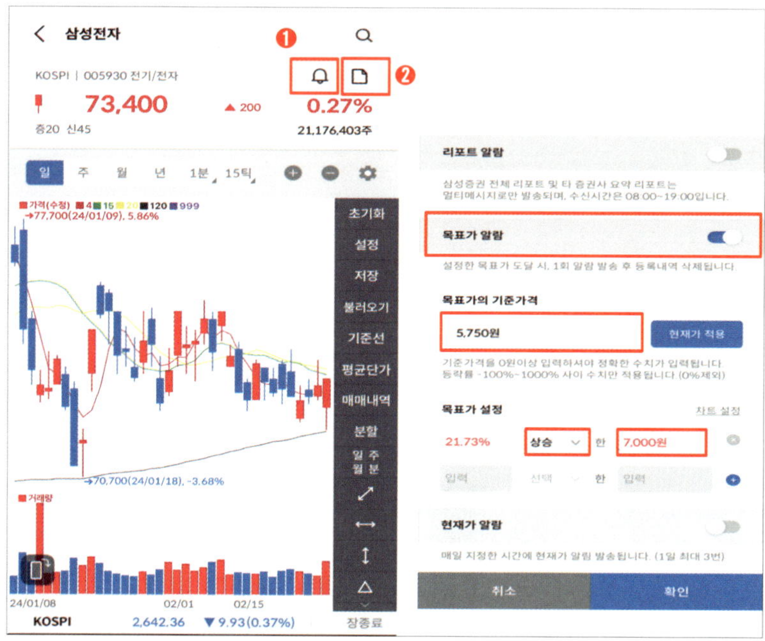

① 알람(🔔) 아이콘을 클릭하면 목표가 알람을 설정할 수 있습니다. 원하는 기준가격과 목표 수익률 또는 목표 가격을 입력하면, 해당 가격 도달 시 자동으로 알람이 전송됩니다. 특히 목표가를 직접 입력하는 방식이 간편하며 실용적입니다.

② 메모장(📝) 아이콘을 클릭하면 해당 종목에 대한 기록을 확인하거나 작성할 수 있습니다. 이 메모장은 HTS와 연동되어 있어 작성한 내용을 PC에서도 그대로 확인할 수 있습니다.

8 카카오톡 알람 설정

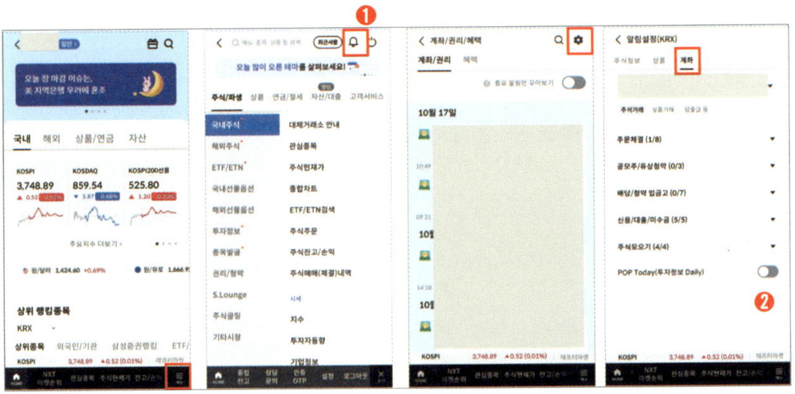

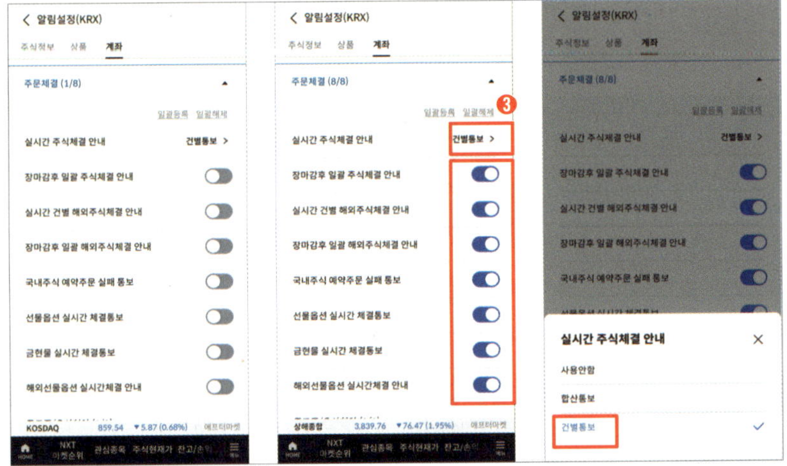

매수/매도 체결 시 카카오톡 알람을 받는 방법입니다. 이 설정을 활성화하지 않으면 앱을 켜두지 않는 이상 매수·매도 여부를 알 수 없습니다.

➊ '메뉴 〉종 모양 〉톱니바퀴 〉계좌'로 들어갑니다.

➋ 가장 하단 'POP Today'를 제외하고 모두 활성화합니다.

➌ 계좌에서 '실시간 주식체결 안내'가 '사용 안 함'으로 되어 있다
면 '건별 통보'로 변경합니다.

9 분할화면

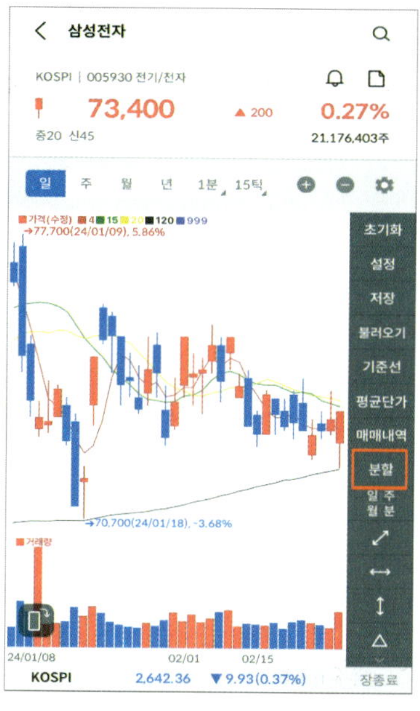

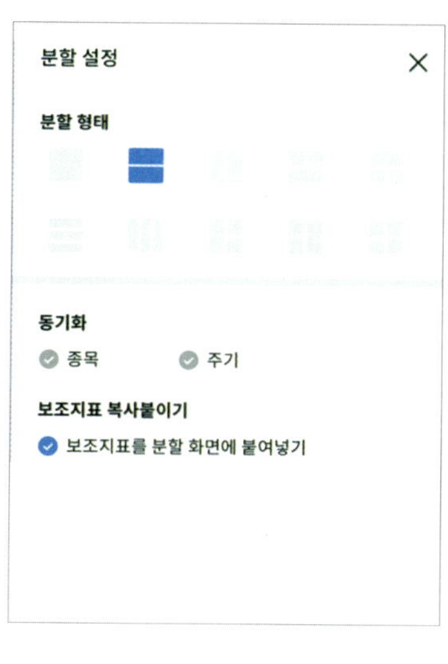

MTS에서도 분할화면 기능이 있지만 화면이 작아 실전에서는 추
천하지 않습니다. 분할화면은 HTS에서 활용하는 것이 훨씬 효과적
입니다.

우측 메뉴의 '분할' 버튼을 누르면 원하는 분할 형태를 선택하여 차트를 나눠볼 수 있습니다.

종목 또는 주기 동기화 설정을 통해 연동 여부를 조절할 수 있으며, 보조지표 복사 기능을 통해 기존 차트에 설정된 보조지표를 분할된 화면에도 동일하게 적용할 수 있습니다.

한 종목의 다양한 주기나 복수 종목을 동시에 분석할 수 있습니다.

🔟 주식자동주문 (자동매매기능)

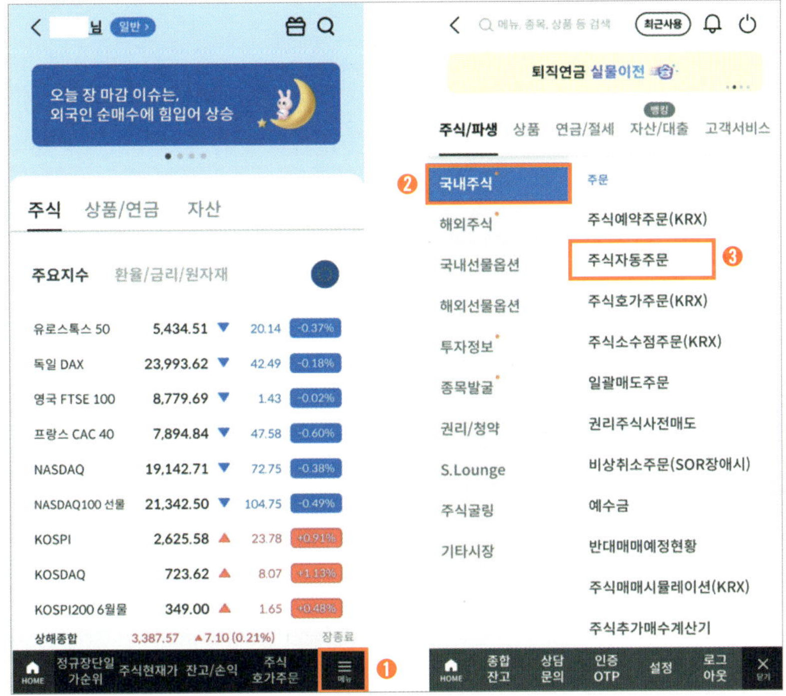

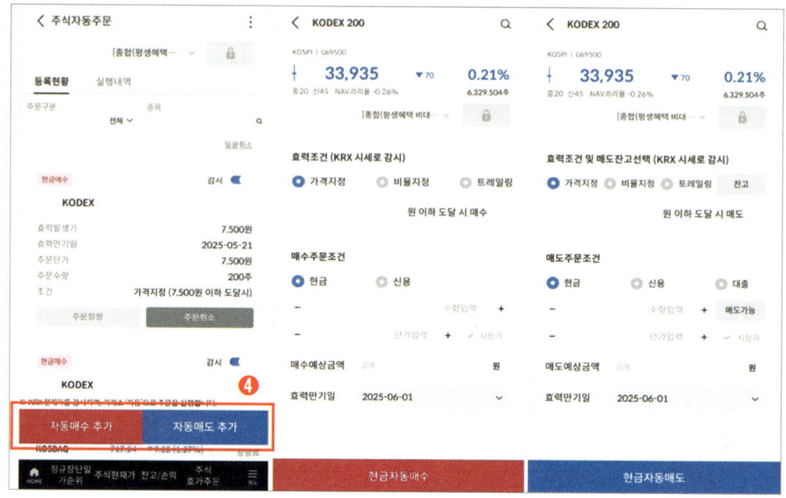

① 하단 오른쪽의 '메뉴' 버튼을 클릭합니다.

② '국내주식'을 선택하고,

③ '주식자동주문' 항목으로 진입합니다.

※ 해당 메뉴는 즐겨찾기에 등록해두면 하단에서 바로 접근할 수 있어 편리합니다.

④ 자동매매 화면에서는 '자동매수' / '자동매도' 항목을 선택하여
조건을 설정합니다.

효력 조건(주문이 실행되는 조건)은

- **가격 지정**(특정 가격에 도달하면 실행)

- **비율 지정**(일정 비율 변동 시 실행)

- **트레일링**(고점 대비 일정 비율 하락 시 자동 매도. 상승하면 기준점도
  따라 올라가고, 하락 전환 시 매도됨)

등으로 설정할 수 있으며, 매수/매도 조건은 원하는 가격대와 기

간, 주문 방식에 따라 자유롭게 설정 가능합니다.

정리하면, 자동주문은 '내가 정한 조건(가격, 비율 등)에 도달하면 자동으로 실행'되는 주문이고, 예약주문은 '내가 정한 시간에 미리 걸어두는 주문'입니다.

자동주문은 장중 실시간 대응에, 예약주문은 장 시작 전 선점에 유리합니다.

11 주식예약주문

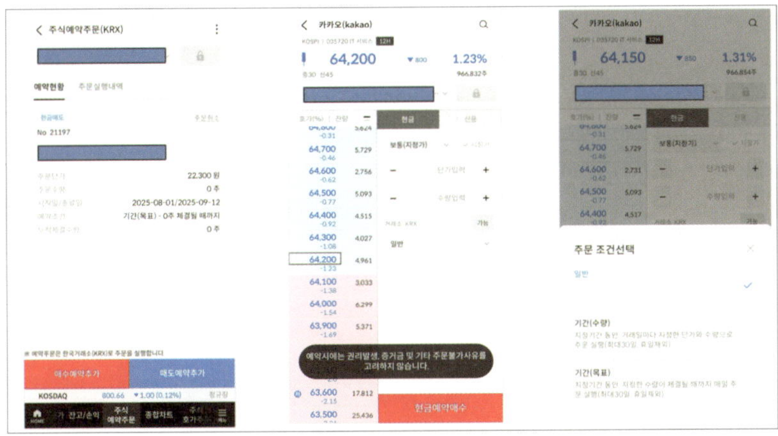

주식자동주문이 편리하지만 단점이 하나 있습니다.

효력조건이 성사될 때 호가주문으로 들어갑니다. 주문은 선착순으로 체결되기 때문에 이전에 다른 사람들이 호가주문을 많이 걸어두었다면 내 주문이 체결되지 않을 때가 종종 있습니다.

이 단점을 보완한 것이 예약주문입니다. 예약주문은 장이 열리기 전이나 끝난 후에도 미리 주문을 걸어둘 수 있는 기능입니다. 미리 걸어두면 정규장이 시작되는 9시에 호가주문(현재 시장가로 바로 체결을 시도하는 주문)으로 나가기 때문에, 선착순에서 빠른 줄을 설 수 있습니다.

다만 트레일링 기능 등 섬세한 기능은 자동주문에서만 가능합니다.

MTS 기본 세팅은 여기까지입니다. 모바일에서 빠르게 대응하기 위한 최소한의 환경은 갖춰졌습니다.

이제 PC 환경인 HTS 세팅을 살펴보겠습니다. 화면이 넓은 만큼 더 많은 정보를 동시에 볼 수 있기 때문에 본격적인 분석과 매매에는 HTS가 유리합니다.

HTS 기본 세팅하기

HTS 세팅

지금부터의 설명은 삼성증권 HTS 환경을 기준으로 구성했습니다.

1. 즐겨찾기

자주 사용하는 메뉴는 즐겨찾기에 추가해 빠르게 사용할 수 있습니다.

설정/도구	종합화면	주식	차트/종목검색	주식주문/체결	투자정보	시장정보
화면명 입력 ∨ Q ☆	관심	종합차트	주식잔고	기업정보(WISEfn)	뉴스	

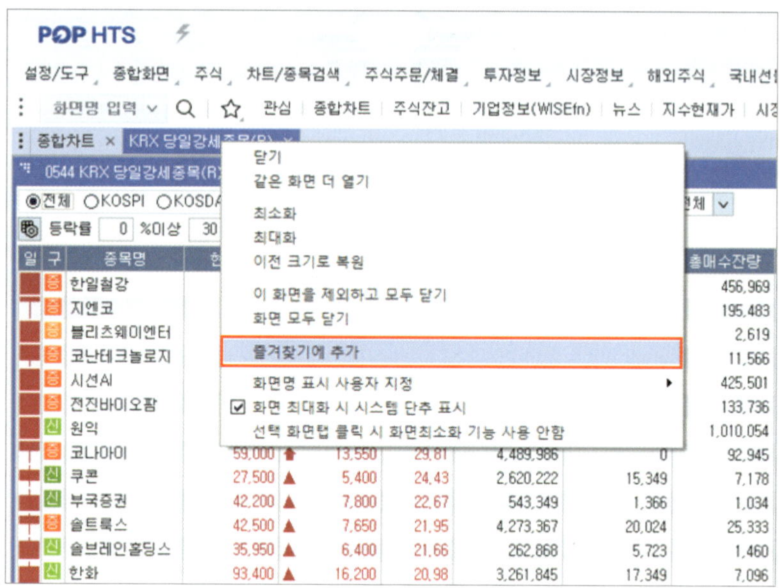

화면명에서 마우스 오른쪽 버튼을 클릭하면 메뉴가 나타납니다. 여기서 '즐겨찾기에 추가'를 선택하면 해당 화면을 즐겨찾기에 등록할 수 있습니다.

2. 화면 구성

각 번호에 원하는 화면구성을 할 수 있습니다. 예를 들어, 1번에는 단타에서 자주 사용하는 화면, 2번에는 스윙에서 자주 사용하는 화면을 구성할 수 있습니다.

 　　　　　　　　　　　　　　　　　　　　　　　주식 단타 특공대

화면명을 마우스 오른쪽 버튼으로 클릭하면 메뉴가 나타납니다. 여기서 '즐겨찾기에 추가'를 선택하면 해당 화면을 즐겨찾기에 등록할 수 있습니다.

3. HTS 공부용 화면 구성하기

단타 매매를 시작하기 전, 먼저 시장을 분석하고 공부하는 데 필요한 화면부터 구성해보겠습니다. 실전 매매 화면과는 별도로, 종목을 탐색하고 차트를 분석하는 연습용 화면입니다.

❶ 종합차트(1401)

종합차트는 종목의 가격 차트와 거래량 차트로 구성됩니다. 가장 기본이 되는 화면이며, 이동평균선의 방향과 거래량의 변화를 동시에 보면서 지금 이 종목이 상승 추세인지 하락 추세인지를 판단하는

출발점입니다.

② 기업정보(0122)

    재무, 유통물량 등 기업 관련 정보를 확인할 수 있는 화면입니다. 단타 매매에서도 최소한 이 종목이 적자인지 흑자인지, 유통 주식수가 얼마인지 정도는 확인하고 들어가는 것이 안전합니다.

❸ 시세분석(0541)

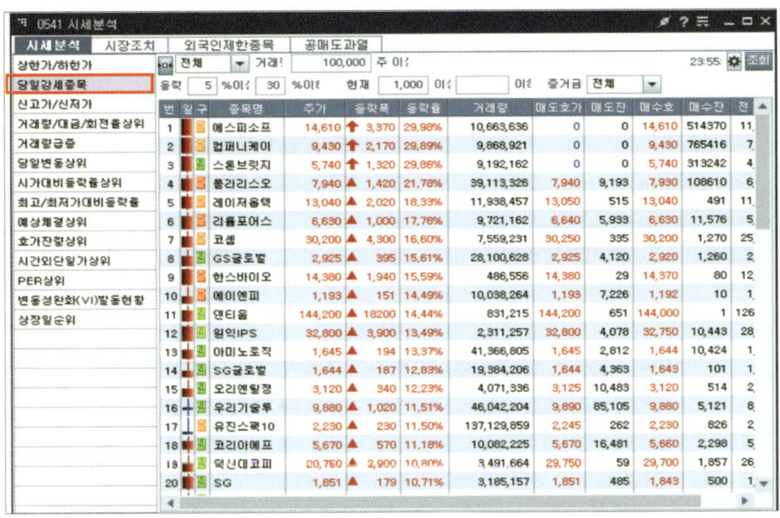

시세분석 화면을 통해 당일 강세 종목을 확인할 수 있습니다. 거래량 상위, 상승률 상위, 거래대금 상위 등 다양한 기준으로 정렬할 수 있기 때문에 지금 시장에서 돈이 어디로 몰리고 있는지를 한눈에 파악할 수 있습니다.

단타 매매에서 종목을 찾는 출발점이 되는 화면이므로 반드시 익숙해져야 합니다.

④ 관심종목(0517)

테마(특정 이슈나 업종으로 묶이는 종목군), 거래량, 단타, 스윙 등 기준에 따라 자신만의 관심종목을 구성할 수 있습니다.

주식 단타 특공대

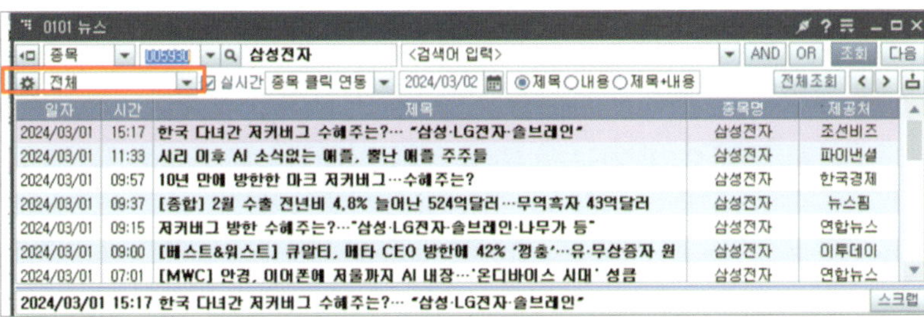

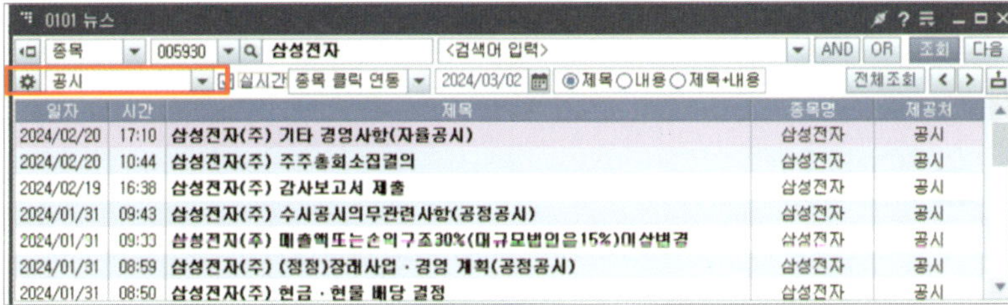

종목과 관련된 뉴스 및 공시 내용을 확인할 수 있습니다.

4. 서버 저장

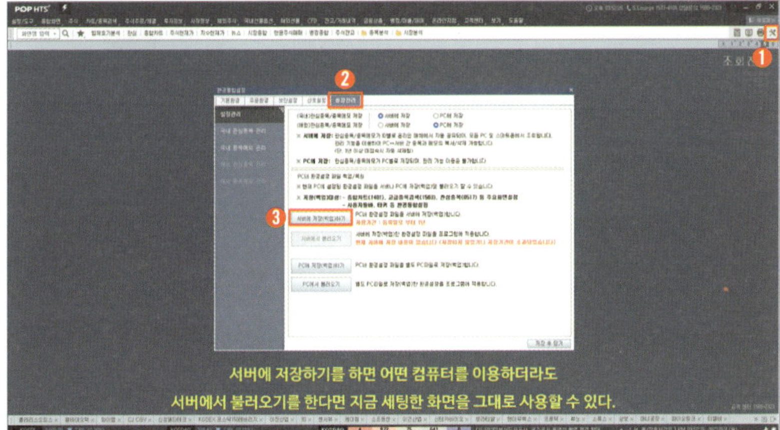

❶ 도구 아이콘에서 '환경통합 설정'을 클릭합니다.

❷ '설정관리' 탭으로 들어갑니다.

❸ '서버에 저장(백업)하기'를 사용하면, 어떤 컴퓨터에서든 '서버에서 불러오기' 기능을 통해 현재 설정한 화면을 그대로 불러올 수 있습니다.

5. HTS 추가 세팅

▮1 거래량

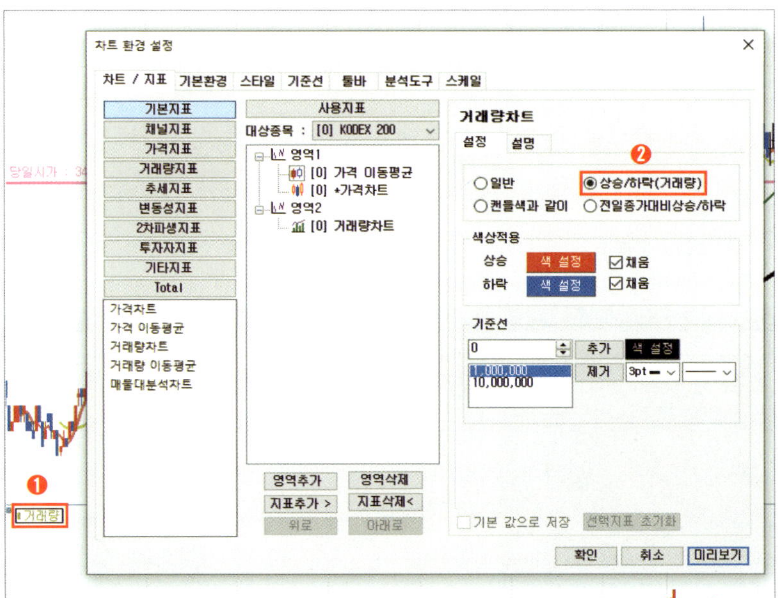

❶ '거래량'을 더블클릭합니다.

❷ 차트 환경 설정에서 거래량 차트를 '상승/하락(거래량)'으로 설정합니다. 이렇게 설정을 하면 거래량의 증감을 한눈에 볼 수 있습니다.

2 차트 저장

❶ 본인의 투자 스타일(예 단타, 스윙)에 맞게 이동평균선, 보조지표 등을 설정합니다.

❷ 우측 상단의 아이콘(차트 저장)을 클릭한 후, '등록 및 삭제' → '차트 저장명' → '저장명 등록' → '닫기'를 선택하여 저장합니다.

❸ 이후 저장된 차트를 불러와 단타용, 스윙용 등 상황에 따라 다양하게 활용할 수 있습니다.

■ 등록된 차트 설정을 수정하고 다시 저장하는 방법

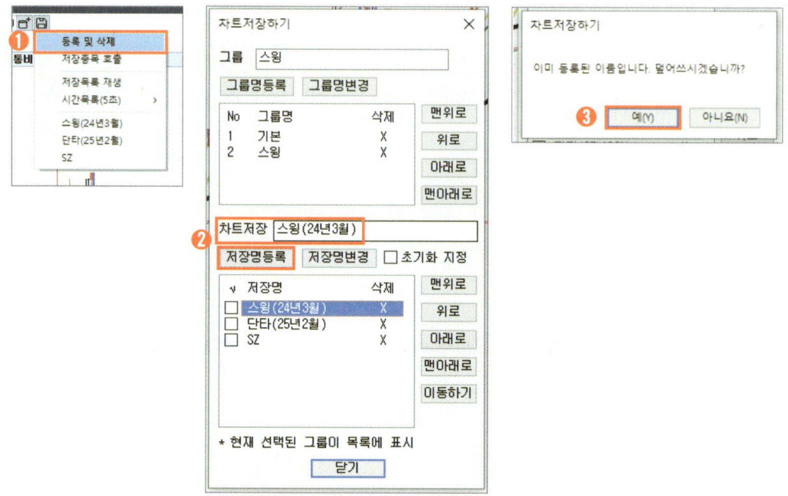

이미 저장된 차트의 설정(**예** 보조지표, 이평선 등)을 변경한 경우, 다음 절차에 따라 기존 저장 항목을 덮어쓸 수 있습니다.

❶ 차트 영역에서 마우스 오른쪽 버튼을 클릭한 후, '등록 및 삭제'를 선택합니다.

❷ 목록에서 수정할 차트 저장명을 선택하고, '저장명 등록'을 클릭합니다.

❸ 덮어쓰기 확인 창이 뜨면 '예(Y)'를 눌러 변경 내용을 저장합니다.

 차트 분할 화면 설정하기

좌측 상단의 네모 모양 아이콘을 클릭하면, 원하는 형태로 화면을 분할하여 차트를 설정할 수 있습니다.

예를 들어, 2×1 또는 2×2와 같이 여러 종목을 동시에 비교하거나, 하나의 종목을 다양한 시계열로 나누어 볼 때 유용합니다.

❶ 차트 분할 후 시세바(혹은 차트 바탕)를 클릭하면 노란색으로 활성화됩니다. 활성화된 상태에서 종목, 일봉/분봉 등의 주기 설정을 변경할 수 있습니다.

❷ 그림에 표시된 네모박스의 툴 메뉴를 활용하여 변경하면 됩니다.

※ 현재 보이는 화면에서 왼쪽 KODEX 200 차트처럼 시세바가 노란색으로 활성화된 상태라면 동일하게 종목 및 주기 설정(일봉/분봉 등)을 변경할 수 있습니다.

단타 특공대 전략

화면분할 장점
① 하나의 종목에 대해 일봉과 분봉을 동시에 확인할 수 있다.
② 다른 종목을 동시에 볼 수 있다.

▣ 평균매입단가(=평단가) 표시

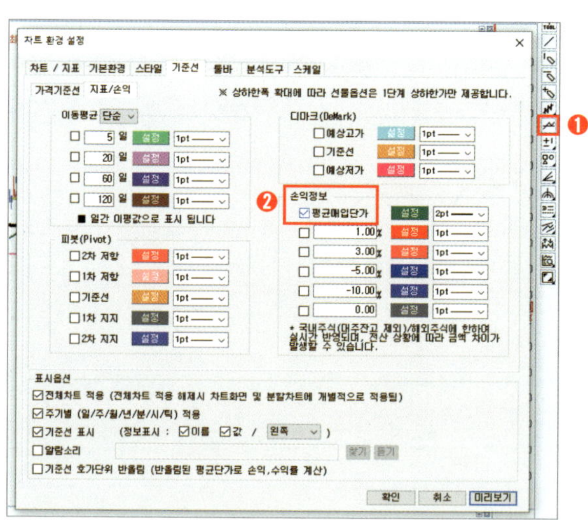

주식 단타 특공대

① 차트 우측 도구모음에서 8번째 아이콘(기준선)을 클릭합니다.

② '기준선 설정창'에서 '평균매입단가' 항목을 체크한 뒤, 원하는
색상 및 선 굵기를 설정하고 '적용'을 누릅니다.

5 매매내역

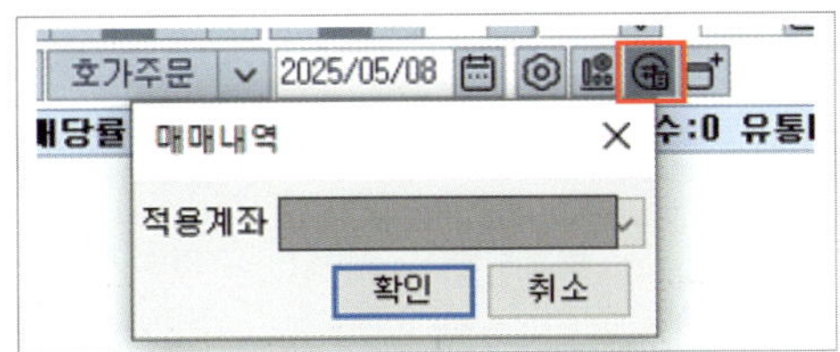

매매내역 아이콘(빨간색 박스)을 클릭한 뒤, 매매한 계좌를 선택하면 차트상에 해당 계좌의 매매내역이 표시됩니다.

이를 통해 과거 매수·매도 시점을 시각적으로 확인할 수 있어 복기에 유용합니다.

복기란 자신의 매매를 돌아보는 것입니다. 매매내역을 차트 위에 띄워놓고 이런 질문을 스스로 해보세요.

"왜 이 자리에서 샀지?"

"팔았던 타이밍은 적절했나?"

"만약 하루만 더 갖고 있었다면?"

정답을 찾는 게 아닙니다. 자신의 매매 습관을 눈으로 확인하는 것, 그게 복기입니다.

복기 없는 매매는 같은 실수를 반복하게 됩니다. 하루 10분이면 충분합니다.

6 상/하한가 표시

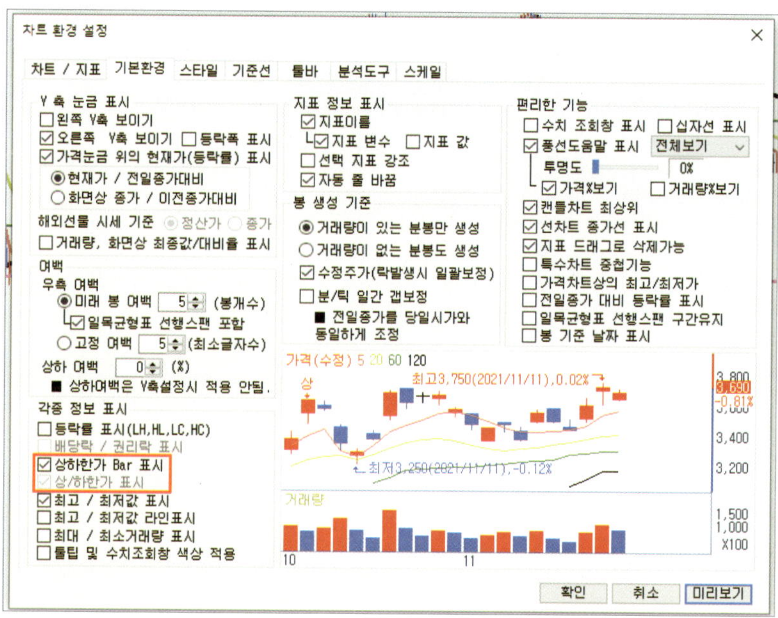

차트 화면에서 마우스 오른쪽 버튼을 클릭한 후, '차트 환경 설정' 메뉴에 진입합니다.

이후 하단의 '상하한가 Bar 표시' 및 '상/하한가 표시' 항목에 체크하면, 차트에 상한가와 하한가 정보가 시각적으로 표시됩니다.

  주식 단타 특공대

또한 이 설정창에서는 사용자의 필요에 따라 다양한 정보 항목을 추가로 선택하여 표시할 수 있습니다.

7 종목 메모장

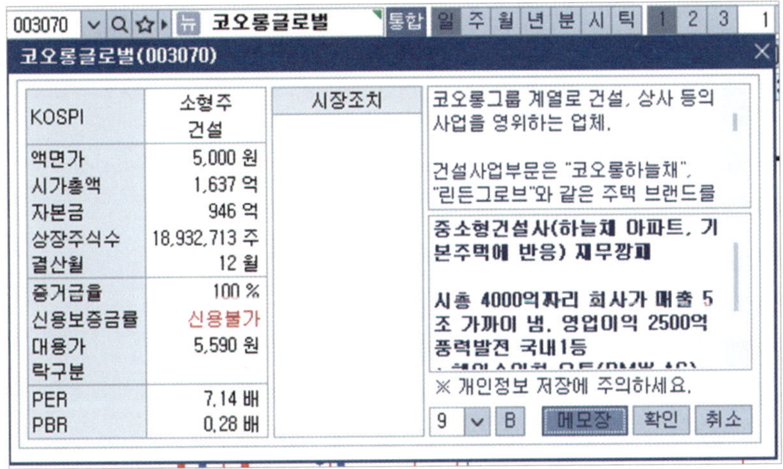

차트 상단의 종목명 칸을 더블 클릭하면 '메모장' 기능이 활용 가능합니다. 해당 종목에 대한 기록을 남겨둡니다. 기억보다 기록이 '수익'에 도움을 줍니다.

메모장에 남기면 좋은 항목

- 섹터/테마 종류
- 매수 근거 (왜 이 종목을 샀는지/거래량 터짐/지지선 반등)
- 목표가 (어디까지 오르면 팔 것인지)
- 손절 기준 (어디까지 빠지면 정리할 것인지)
- 매매 후 느낀 점 (감정, 판단 근거, 결과)

이렇게 기록해두면 나중에 비슷한 패턴이 나왔을 때 과거의 내가 어떤 판단을 했는지 바로 확인할 수 있다.

8 대각선, 가로선, 도형/텍스트

① 대각선 : 추세선 그을 때 활용합니다. 상승/하락 추세를 시각적으로 표시하는 데 유용합니다.

② 가로선 : 지지/저항선을 그을 때 활용합니다. 가격대별 의미 있는 구간을 쉽게 표시할 수 있습니다.

③ 도형/텍스트 : 차트의 특정 지점에 강조 표시나 메모를 작성할 때 유용합니다. 예를 들어, 삼각형, 사각형 등으로 중요한 지점을 표시하거나, '이슈 발생일' 등 텍스트로 메모를 남길 수 있습니다.

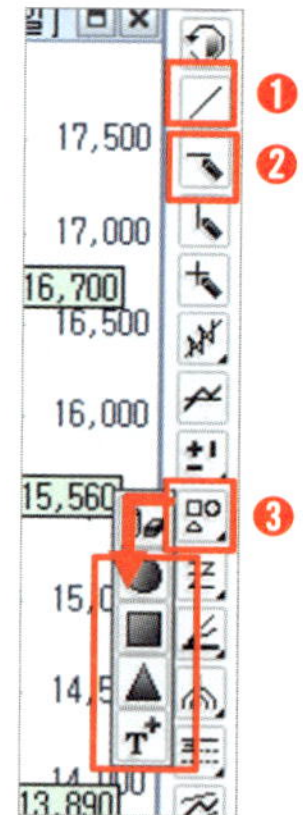

단타매매
주식 단타 특공대
HTS 세팅하기

2장

전투 준비
전날 밤 ~ 정규장 개장 전

1장에서 마인드셋과 기초를 갖췄습니다.
이제는 장(場) 시작 전의 이야기입니다.
무엇을 살 것인가. 어떤 종목을 눈에 담을 것인가.
준비된 자만이 기회를 잡을 수 있습니다.

장전 종목 뽑기

초보자가 장중에 종목을 발굴하면서 동시에 매매하는 것은 매우 어렵습니다. 증권사 프로그램 조작도 익숙하지 않은데 종목 검색, 차트 분석, 매수 주문을 동시에 수행해야 하기 때문입니다.

장 시작 전에 미리 3~5개 종목을 선별해 두면, 장중에는 그 종목들의 움직임만 관찰하면서 오직 매매 타이밍에만 집중할 수 있습니다.

장 마감 기준으로 최소 거래대금 100억원 이상 (+거래량 1,000만 주 이상)의 종목을 거래하는 것이 좋습니다.

앞에서 거래량과 거래대금의 차이를 배웠습니다. 이번에는 실전에서 거래대금을 어떻게 활용하는지 알아보겠습니다.

거래대금은 실제로 얼마만큼의 돈이 움직였는지를 보여주기 때문에 종목을 고를 때 거래량과 함께 반드시 확인해야 합니다.

거래대금은 곧 '돈'의 흐름입니다. 거래대금이 많다는 것은 시장에서 '인기'가 많다는 뜻입니다. 단타 매매에서는 이 거래대금이 가장 중요합니다.

거래량만 많고 주가가 낮으면 실질적인 자금의 이동은 적습니다.

■ 정규장 순위

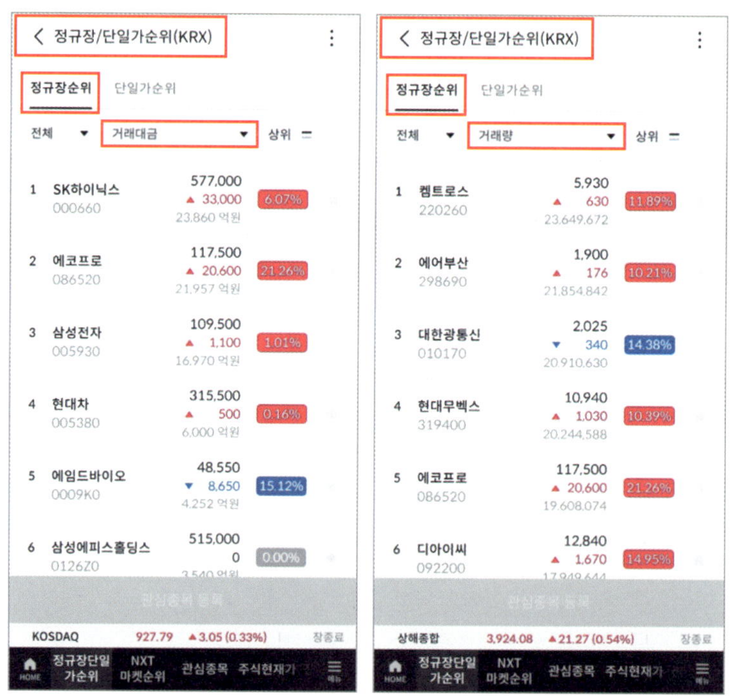

• 거래대금, 거래량 조건 설정을 해놓으면 수월하게 관심종목을 뽑을 수 있습니다.

거래대금은 실제로 얼마나 많은 돈이 몰렸는지를 보여주는 지표입니다. 거래대금이 100억원 이상은 되어야 내가 원하는 가격에 빠르게 사고팔 수 있습니다. 또한 거래량도 1,000만 주 이상은 확보되어야 유동성이 충분하다고 판단합니다.

MTS의 경우 거래대금과 거래량을 동시에 검색 조건에 넣지 못할 수도 있습니다. 그렇다면 '거래대금' 조건만 넣어서 이용하면 됩니다. 거래량 조건밖에 없는 증권사라면 다른 증권사를 이용하는 것이 좋습니다.

거래량으로만 필터링을 하게 되년 동전주(1,000원 이하)처럼 거래량은 터지는데 실제 거래대금은 작은 종목이 상위 종목으로 올라갈 수 있습니다. 그래서 반드시 거래대금으로 종목 필터링을 하는 것이 중요합니다.

1. 추가로 알아두면 좋은 것들

시간 외 단일가는 더이상 보지 않습니다. 과거에는 시간 외 단일가 순위를 보고 종목을 뽑았습니다. 정규장이 끝나고 오후 4~6시까지 시간 외 단일가로 상승한 종목들을 다음 날 후보로 선정했습니다.

하지만 지금은 이 방법만 사용하지 않습니다. NXT(대체거래소) 도입 이후 시간 외 거래량이 급감했기 때문입니다. 시장 참여자들이 줄어들면서 시간 외 단일가가 다음 날 움직임을 예측하는 지표로서 의미가 없어졌습니다. 또한 시간 외에 급등한 종목들은 다음 날 장 초반에 갭을 띄우고 하락하는 경우가 많아 초보자에게는 위험합니다.

2. 제외해야 할 종목

다음 종목들은 장전 단타 종목 후보에서 제외할 것을 권장합니다.

**관리종목, 투자위험, 투자경고, 거래정지, 투자경고예고,
정리매매, 단기과열, ETF종목, 우선주, 자본잠식**

단타 매매는 당일 청산이 원칙이라 큰 문제가 안 될 수도 있습니다. 하지만 초보자라면 이런 종목은 피하는 것이 안전합니다. 만약 거래정지나 하한가가 발생하면 당일에도 빠져나오기 어렵기 때문입니다.

단타 특공대 전략

NXT(대체거래소)란?
정규장 외에 NXT(대체거래소)라는 새로운 거래 방식도 등장했다. NXT는 기존 한국거래소(KRX)와 별도로 운영되는 거래소로, 거래 시간과 수수료 구조가 다르다. 아직 초기 단계이지만, 앞으로 거래 환경이 바뀔 수 있으므로 이런 게 있다는 정도는 알아두면 좋다.

거래대금 상위 종목으로 테마 파악하기

거래대금 100억원 이상, 거래량 1,000만 주 이상의 검색 조건을 설정한 다음에는 '거래대금 상위 종목'을 봐야 합니다.

이 종목들 중에서 시장을 주도하는 테마가 무엇인지 파악해야 합니다. 주식시장은 테마로 움직입니다. 특정 이슈나 정책, 산업 트렌드가 부각되면 관련 종목들이 동시에 움직입니다. 이런 종목들을 '테마주'라고 합니다.

거래대금 상위 종목을 보면 시장이 오늘 어떤 테마에 관심을 두고 있는지 명확하게 알 수 있습니다.

■ 정규장 순위 예) 2024. 11. 8. 정규장 급등락주 분석 (삼부토건, 자이글)

상승 종목

1. 삼부토건 +29.97%
푸틴 대통령, 트럼프 당선인의 종전 제안 관련 언급에 우크라이나 재건 테마 상승

2. 자이글 +29.96%
LG에너지솔루션의 리비안 원통형 배터리 공급 계약 소식에 2차전지 테마 상승

3. 성우 +29.96%
LG에너지솔루션의 리비안 배터리 공급 계약 소식에 2차전지 테마 상승

4. 한울소재과학 +21.56%

5G / 통신장비 테마 상승과 함께 美 양자 컴퓨팅 주식 상승에 양자암
호 테마 급등

5. 하이드로리튬 +20.72%

리튬 테마 상승 속 배터리급 수산화리튬 출하 기대감 지속

6. 토모큐브 +20.36%

홀로토모그래피 기술 부각과 신규 상장 이틀째 급등

7. 화인베스틸 +18.38%

트럼프 당선 관련 韓-美 조선업 협력 기대감 지속 속 상승

8. 카페24 +17.36%

3분기 실적 컨센서스 상회

9. 제너셈 +17.06%

엔비디아 주가 상승과 함께 반도체 관련주 상승

10. 디와이디 +16.85%

푸틴 대통령의 종전 제안 관련 언급에 우크라이나 재건 테마 상승

11. 다보링크 +16.67%

트럼프 당선에 따른 4차산업 패권 경쟁 기대감으로 5G/통신장비 테
마 상승

12. 아이비젼윅스 +16.50%

LG에너지솔루션의 리비안 배터리 공급 계약 소식에 2차전지 테마 상승

13. DS단석 +16.00%

폐배터리 테마 상승과 바이오 항공유 공급계약 체결 모멘텀 지속

14. 코엔텍 +15.67%

계열사 블랙사파이어홀딩스 상장폐지 공개매수 영향

15. 리튬포어스 +15.64%

LG에너지솔루션의 리비안 배터리 공급 계약 소식에 리튬 테마 상승

  주식 단타 특공대

1단계 : 증권사 HTS/MTS에서 '거래대금 순위'를 보는 메뉴를 통해서 거래대금 상위 20~30개 종목을 확인합니다

2단계 : 상위권 종목들 중에서 동일 또는 관련 업종이 여러 개 있는지 최근 이슈와 연관이 있는지 파악합니다.

3단계 : 3개 이상의 종목이 같은 테마라면 시장 주도 테마일 확률이 높습니다.

4단계 : 관련 뉴스를 검색해서 상승 이유를 확인합니다.

테마주는 동시에 움직인다

같은 테마의 종목들은 동시에 움직이는 경향이 있습니다. 한 종목이 급등하면 관련 종목도 따라 오릅니다. 이것이 테마를 파악해야 하는 이유입니다.

테마를 알면 한 종목이 급등할 때 관련 종목으로 빠르게 갈아탈 수 있습니다. 또는 아직 덜 오른 관련 종목을 선점할 수 있습니다. 테마는 빠르게 바뀝니다. 오늘 강한 테마가 내일도 강한 것은 아닙니다. 매일 거래대금 순위를 확인하면서 시장 흐름을 읽어야 합니다.

확실하게 시장을 주도하는 테마가 보이지 않는 날도 있습니다. 이럴 땐 과감하게 매매를 쉬어가는 편입니다. 시장에서 인기 있는

강한 테마 종목을 매매해도 손절이 나올 수 있는데 굳이 무리할 필요가 없습니다. 앞서 언급한 것처럼 시장은 매일 열리기 때문에 조급할 필요가 전혀 없습니다.

하락장 종목 선정 매뉴얼

1. 지수차트 기준으로 이전 저점을 깨면 하락장의 시작이라고 봅니다.

2. 하락장에는 대부분의 종목이 떨어지고 일부 테마를 탄 종목만 오릅니다.

3. 지금까지의 경험으로 볼 때 하락장 때 오르는 테마들이 있습니다. 암기해 두면 좋습니다.

   ① 정치 테마주

   정책주보다는 인물주가 반응을 합니다.

   ② 금리 인상 테마

   금, 채권가격 상승으로 인한 고배당 은행을 말합니다.

   ③ 전쟁 관련주

   여기서 방산주와는 구별이 필요합니다. 전쟁 관련주는 북한이 미사일을 쏠 때 즉각 반응을 주는 테마성 종목(스페코, 빅텍 등)입니다. 방산주는 실질적으로 방위산업을 영위하는 기업들로 대한민국의 현재/미래 먹거리 산업입니다.

④ **금리 인상 / 전쟁으로 인한 인플레이션 관련주**

유가, 천연가스, 설탕, 소금, 구리, 철강, 알코올과 같은 원자재 관련주가 들썩거립니다. 자원빈곤 국가인 대한민국에서는 원자재 가격상승은 치명적입니다.

⑤ **질병 테마**

아프리카돼지열병, 광우병, 조류독감과 같은 동물성 질병과 호흡기질환 관련인 사스, 메르스, 코로나, 2023년에는 빈대 관련주까지 추가되었습니다. 질병 관련주는 4차 산업인 바이오 및 제약회사와 연관되어 있습니다. 제 기준으로는 바이오 기업을 잘 매매하지 않지만, 제약회사는 그때그때마다 잘 정리해 놓으면 단타 매매에 많은 도움이 됩니다.

4 하락장에서는 강력한 테마가 형성된 종목에서만 매매하는 것이 좋습니다.

해당 종목의 개별 이슈(해당 종목에만 적용되는 재료)로 상승하는 것은 웬만하면 건드리지 않습니다.

개인적으로는 상승장보다 하락장 종목 선정이 훨씬 쉽습니다.

→ 2,500개 종목 중에서 2,200~2,300개가 하락하고 100~200개가 상승합니다. 그럼 힘 있는 종목을 골라서 매매하면 된다는 뜻입니다.

쌍쌍바 매매법

장 전에 관심종목을 뽑아두는 투자자에게 맞는 매매법이 하나 있습니다. 바로 '쌍쌍바 매매법'입니다.

제가 즐겨 먹었던 아이스크림 중에 '쌍쌍바'라고 있습니다. 쌍쌍바는 두 개가 붙어 있어서 하나를 먹으면 나머지 하나도 자연스럽게 함께 먹게 되는 아이스크림입니다.

주식시장에도 쌍쌍바 같은 현상이 있습니다. 섹터의 대장주(1등주)가 상승하면, 2등주가 뒤따라 오릅니다. 마치 쌍쌍바처럼 하나가 움직이면 다른 하나도 함께 움직입니다.

쌍쌍바 매매법의 핵심은 간단합니다.

대장주(1등주)가 올라가는 것을 확인하고, 2등주를 빠르게 매수하는 것입니다.

이제부터 쌍쌍바 매매법에 대해 차근차근 하나씩 설명하겠습니다.

핵심원리 1.
1등이 오르면 2등도 오른다

섹터나 테마가 주목받으면 관련 종목들이 동시에 움직이는 것처럼 보입니다. 하지만 자세히 보면 여기에도 패턴이 있습니다.

1등주(대장주)가 가장 먼저, 가장 강하게 오릅니다. 2등주는 그 뒤를 따릅니다.

예를 들어, 천연가스 테마를 보겠습니다. 지에스이(대장주)가 먼저 급등하면 중앙에너비스(2등주)가 뒤따라 오릅니다.

이 패턴만 알면 2등주로 안정적인 수익을 낼 수 있습니다.

핵심원리 2.
대장주 vs 2등주, 어떻게 구분할까?

대장주의 기준은 단 하나입니다. 상승률

대장주는 해당 테마에서 주가 상승률이 가장 높은 종목입니다. 거래량이나 거래대금이 적더라도 상승률이 가장 높다면 그 종목이 대장주입니다.

일반적으로 대장주는 거래량과 거래대금도 가장 많이 터집니다. 하지만 항상 그런 것은 아닙니다. 어쩌다 나오는 예외에 집착하면 주식투자는 점점 힘들어집니다.

대장주는 보통 1개입니다. 테마가 크면 2~3개가 나오는 경우도 있습니다.

Q. 대장주가 2~3개일 때 진짜 대장주를 알 수 있을까?

모릅니다. 테마가 진행되면서 확연하게 드러납니다. 그러나 수익을 내는 데는 크게 상관없습니다. 누가 더 오르고 덜 오르냐의 차이일 뿐입니다. 100만원 수익 낼 것을 40만원 수익 냈다고 인생이 어떻게 되지 않습니다. 완벽주의는 단타 매매의 적입니다.

Q. 하락할 때는 가장 적게 떨어지는 게 대장주일까?

절대 아닙니다. 이렇게 생각하면 계좌가 박살납니다. 떨어질 때도 가장 많이 떨어지는 게 대장주입니다.

다음에서 천연가스(도시가스) 테마 대장은 지에스이, 2등주는 중앙에너비스입니다.

대장주와 테마, 거래대금까지 이해했다면 이제 실전 매매 전 준비 단계입니다. 매매는 장이 열리기 전에 이미 절반이 결정됩니다.

지금부터는 장 시작 전에 무엇을 준비해야 하는지 구체적으로 살펴보겠습니다.

쌍쌍바 매뉴얼

쌍쌍바 매매법은 기술이 아니라 준비의 문제입니다.

1단계 : 관심종목 미리 정리하기

평소에 섹터별, 테마별로 대장주와 2등주를 정리해둡니다. 나는 관심종목 그룹에 다음과 같이 분류해서 저장합니다.

- **천연가스** : 지에스이(대장), 중앙에너비스(2등)
- **시멘트** : 고려시멘트(대장), 삼표시멘트(2등)
- **방송** : YTN(대장), 한국경제TV(2등)

정리하면서 자연스럽게 암기가 됩니다. 암기할 수 있다면 암기하는 게 좋습니다. 장중에 뉴스 속보가 뜨는데 관련주를 바로 알고 있다면, 보너스 수익을 얻을 수 있습니다.

2단계 : 대장주 상승 확인

장중에 특성 테마의 대장주가 급등하는 것을 확인합니다.

- 상승률 5% 이상
- 거래량 급증
- 호재 뉴스 확인

3단계 : 2등주 빠르게 매수

대장주 상승을 확인하면 즉시 2등주를 매수합니다. 이때 중요한 것은 속도입니다. 대장주가 5% 올랐을 때 2등주는 아직 1~2% 정도만 오른 상태일 수 있습니다. 이 타이밍을 놓치면 수익이 줄어듭니다.

실전 사례 1
고려시멘트 – 삼표시멘트

■ 삼표시멘트

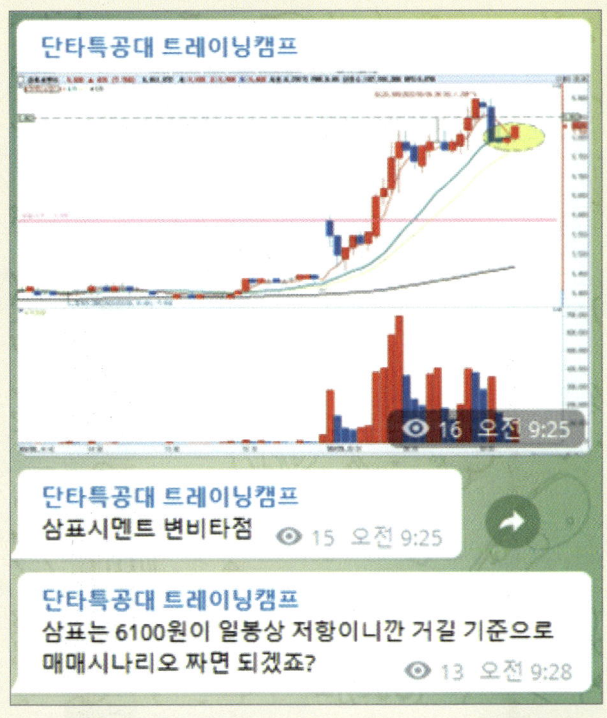

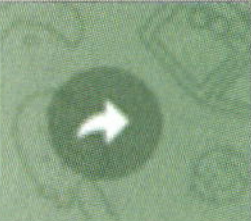

출처 : 단타 특공대 트레이닝캠프 메시지 22년 3월 29일

날짜 : 2022년 3월 29일

테마 : 시멘트 관련주

대장주 : **고려시멘트**
- 오전 10시 급등 시작
- 상승률 +12%
- 거래량 평소 대비 5배 증가

2등주 : **삼표시멘트**
- 고려시멘트 상승 확인 후 매수
- 진입가 : +3% 시점
- 최고가 : +9%
- 익절 : +7%

결과 : 고려시멘트는 놓쳤지만, 삼표
시멘트로 7% 수익실현

실전 사례 2
오르비텍 - 우진엔텍

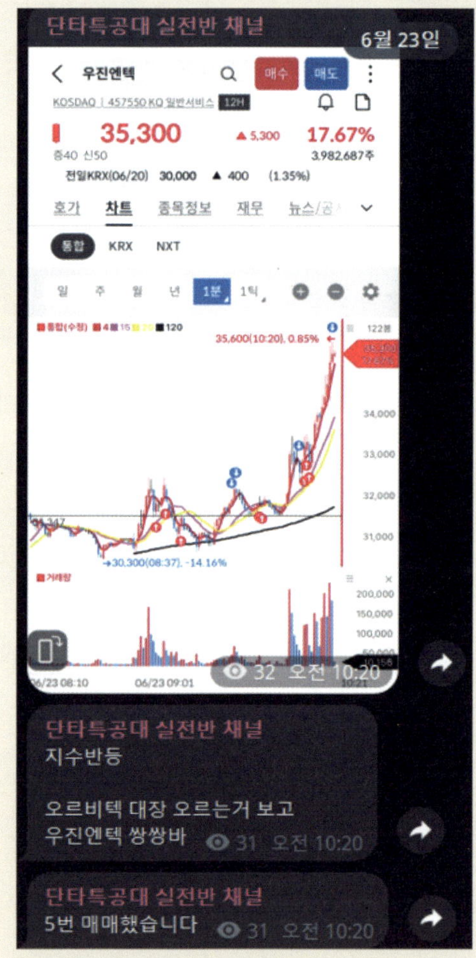

출처 : 단타 특공대 실전반 채널 메시지 25년 6월 23일

테마 : 원자력 관련주	2등주 : 우진엔텍
대장주 : 오르비텍 　급등 시작	오르비텍 상승 확인 후 매수, 뒤따 라 상승

쌍쌍바 매매법 적용이 안 되는 경우

명확하게 2등주가 보이지 않을 때는 쌍쌍바 매매법을 쓰지 않습니다. 차라리 대장

주를 매매하는 게 훨씬 낫습니다.

어떤 날은 대장주만 혼자 오르고, 2등주의 상승률이 거의 없는 경우가 있습니다.

이럴 때 억지로 2등주를 찾으려 하면 손실이 납니다.

쌍쌍바 매매법이 통하지 않는 경우

- 대장주만 급등하고 나머지는 횡보

- 2등주 후보가 여러 개인데 누가 2등인지 불분명

- 테마가 약해서 대장주도 상승률이 낮음

공부한 게 아깝긴 하지만, 언젠가는 반드시 써먹는 날이 올 테니 이럴 땐 과감히 포

기합니다.

정리 : 쌍쌍바 매매법 체크리스트

☑ 평소에 섹터별, 테마별 대장주와 2등주를 정리해둔다.

☑ 대장주 급등을 확인한다. (상승률 5% 이상)

☑ 2등주를 빠르게 매수한다. (속도가 생명)

☑ 2등주가 명확하지 않으면 과감히 포기한다.

구분	종목명	현재가	등락률 ▼	거래량	거래금(백만)	상승VI	뉴스
신	고려시멘트	5,490	22.00%	33,749,431	177,829	5,760	
신	삼표시멘트	6,000	10.91%	11,786,570	68,822	6,150	
신	아세아시멘트	165,000	8.55%	50,421	8,087	170,500	
신	한일시멘트	21,950	8.13%	1,303,062	28,385	22,800	
신	한일현대시멘트	35,450	4.57%	91,533	3,238	38,300	
증	유진기업	5,240	3.15%	1,144,889	5,981	5,640	

관심종목을 정리하면서 메모한 기록의 힘이 중요합니다. 투자자는 '기억'보다는 '기록'으로 승부해야 돈을 법니다. 기억은 자신에게 유리한 것만 남기기 때문에 투자와 삶에서 크게 도움이 되지 않고 혼란만 일으킵니다.

나는 기억에 의존하는 사람과는 돈, 사업, 투자 이야기를 하지 않습니다.

모닝 루틴
(기상 ~ 8 : 59)

단타 매매는 순간의 판단이 수익과 손실을 가릅니다. 몸과 마음의 컨디션을 최상으로 만드는 것이 좋습니다. 아침에 어떻게 준비하느냐에 따라 그날의 매매 성과가 달라집니다.

이제부터 제가 실제로 실천하고 있는 모닝 루틴을 시간대별로 공개하겠습니다.

기상 직후 : 최상의 컨디션 만들기

단타 매매는 짧은 시간 동안 끊임없이 차트를 분석하고, 호가창을 읽고, 매수·매도 타이밍을 잡아야 합니다. 이를 위해서는 몸과 마음의 컨디션이 최상이어야 합니다.

1. 몸 깨우기

새벽에 가볍게 러닝을 하거나 따뜻한 물로 10~15분간 샤워합니다. 운동은 혈류 순환을 촉진해 뇌를 각성시키고, 샤워는 교감신경을 자극해 집중력을 높입니다. 격렬한 운동은 오히려 피로를 유발하므로, 가벼운 스트레칭이나 산책 정도가 적당합니다.

2. 마음 깨우기

샤워하면서 자연스럽게 마인드 컨트롤 시간을 가집니다. 전날 손실이 있었다면 복수 매매 심리가, 수익이 있었다면 자만심이 생깁니다. 아침 루틴을 통해 어제의 감정을 리셋하고, 오늘은 새로운 게임이라는 마인드로 접근합니다.

3. 여유 확보하기 & 본업 일정 확인

출근 시간보다 1시간 일찍 출근해 아침 업무를 여유 있게 마무리합니다. 급하게 서두르면 불안감이 생기고, 이는 매매 판단을 흐립니다.

오늘 오전에 중요한 미팅이 있는지, 회사에서 기획 업무가 있는지 확인합니다.

저는 전업투자자가 아닙니다. 집중력이 분산된 상태에서 매매하면 십중팔구 손실이 납니다. 단타 매매 소득도 중요하지만, 아직은 본업이 더 중요합니다. 본업에 집중해야 하는 날이라면 단타 매매를 하지 않습니다.

아이스 아메리카노 한 잔과 함께 본격적인 장 전 준비를 시작합니다.

출근 전 : 시황 파악하기

1. 미국 3대 지수 체크

미국 3대 지수인 다우 존스, S&P 500, 나스닥 종합지수를 순서대로 체크하며 세계 경제의 중심인 미국의 상황을 파악합니다.

다우 존스는 기존 전통산업인 화학, 금융, 건설, 조선, 자동차에

■ 인베스팅닷컴

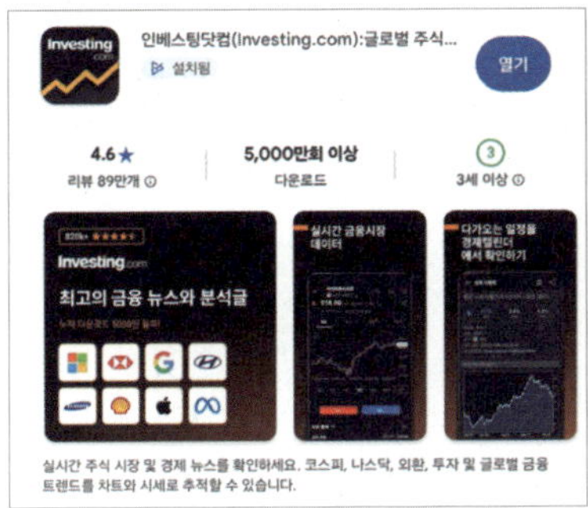
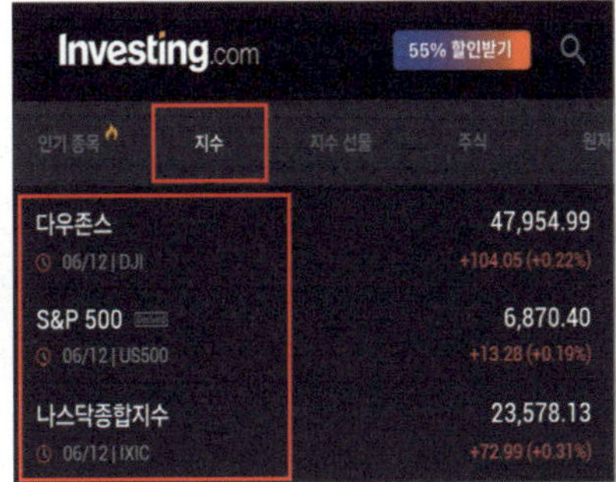

출처 : 인베스팅닷컴 앱

대한 종합지수입니다. 나스닥은 현재 세계를 중독시키고 있는 글로벌 욕망 기업인 애플, 마이크로소프트, 구글(알파벳), 페이스북, 아마존에 대한 종합지수입니다. S&P 500은 스탠더드푸어스라는 신용평가 기관에서 선정한 500개 기업의 종합지수입니다.

중요도를 따지자면 나스닥 종합지수를 1순위로 뽑습니다.

2. 효율적인 정보 수집 : 아웃소싱의 힘

미국 3대 지수는 인베스팅닷컴 웹사이트/앱에서 확인할 수 있습니다. 요즘에는 시황 뉴스나 시황을 전달해주는 무료/유료 정보 서비스가 잘 되어 있습니다. 부담 없는 수준(월 10만원 이하)의 유료 서비스를 이용하는 것도 좋은 선택입니다.

■ 정보 서비스 이용 예

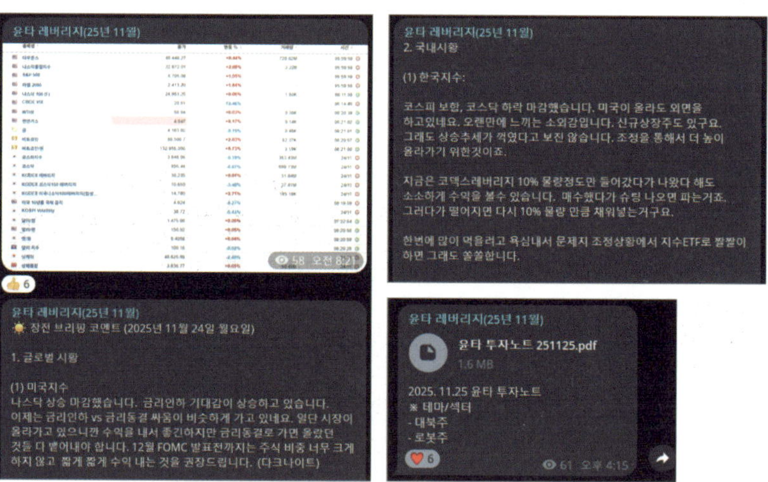

출처 : 윤타 레버리지 채널 메시지

본업과 가정생활을 병행하면서 투자까지 모든 것을 혼자 하면 지속하기 어렵습니다. 아웃소싱할 것은 아웃소싱하는 것이 수익금 극대화의 지름길입니다.

정보 홍수의 시대입니다. 정보를 많이 받는 것보다 제대로 '최소화'해서 받는 것이 수익 극대화에 도움이 됩니다. 기사 100개를 읽어서 파악할 것을 1개만 읽어서 파악하면, 배터리 낭비와 시력 저하를 줄일 수 있습니다. 시간은 유한하고 집중력은 소모품입니다.

장 시작 30분 전 : 관심종목 최종 점검 & 꼭 반드시 행동하는 3가지

1. 관심종목 최종 점검

전날 선정한 관심종목의 뉴스, 공시, 재료를 다시 한 번 확인합니다. 밤 사이 악재가 나오지 않았는지, 호재가 추가되지 않았는지 체크합니다.

2. 꼭 반드시 행동하는 3가지

저는 과거에 매매 환경을 제대로 확인하지 않아 큰 손실을 본 경험이 있습니다. 그때부터 다음 3가지는 반드시 실천합니다.

1 스마트폰 배터리 잔량 확인

저는 PC보다 스마트폰으로 매매하는 편입니다. 새벽부터 스마트폰으로 업무를 하다 보니 배터리가 금방 떨어집니다. 매매 중 배터리가 방전되면 속수무책입니다. 장 시작 전 배터리 잔량을 확인하고, 80% 미만이면 반드시 충전합니다.

2 무선 인터넷 상태 확인 & MTS 미리 접속

무선 인터넷이 잘 터지는 환경인지 확인합니다. 장 시작 최소 5분 전에는 MTS를 미리 접속해둡니다. 정규장이 시작되고 나서 접속하면 동시접속자가 많아 버벅대고 느려질 때가 있습니다. 특히 사용하는 증권사에서 공모주 청약을 주관했거나, 그날 미국에서 큰 이슈가 있을 때는 접속 지연이 심합니다. 매매 중 MTS가 튕긴 적도 빈번했습니다.

3 매매 선언하기

나는 매매를 시작하기 전, 단타 매매를 응원하는 한 사람에게 반드시 선언하고 시작합니다.

"손절점에서 무조건 손절하겠습니다."
"2번 연속 손절이 나왔을 때 매매를 하지 않겠습니다."
"수익금은 즉시 인출하겠습니다."

이 선언을 시작한 이후 손절을 못했던 습관을 완벽하게 고칠 수 있었습니다. 누군가에게 선언하면 심리적 압박이 생기고, 이는 규칙 준수로 이어집니다. 혼자 다짐하는 것과 타인에게 선언하는 것은 전혀 다른 효과를 냅니다.

장 시작 전 : 보유종목 & 동시호가 예상가 최종 확인

1. 오전 8시부터 : 대체거래소(NXT) 보유종복 체크

2024년 대체거래소(NXT)가 생기면서 오전 8시부터 거래가 시작됩니다. 보유종목이 있다면 8시부터 주가 움직임을 확인해야 합니다. NXT에서 급등하거나 급락하는 종목이 있다면, 정규장 시초가에 영향을 미칠 수 있기 때문입니다.

특히 보유종목에 악재가 터졌을 경우, NXT에서 미리 손절할지, 정규장까지 기다릴지 판단해야 합니다.

2. 8시 57분~8시 59분 : 동시호가 예상가 최종 확인

개장 전 흐름을 파악한 후, 전날 선정한 종목 및 보유 중인 종목의 예상가를 확인합니다. 8시 59분의 가격이 시초가가 될 확률이 높습니다. 이전의 가격은 무시하고, 장 시작 1분 전에 확인하는 것이 가장 정확합니다.

이제 모든 준비가 끝났습니다.

9시 정각! 돈을 벌기 위한 전투가 시작됩니다.

■ 동시호가 예상가

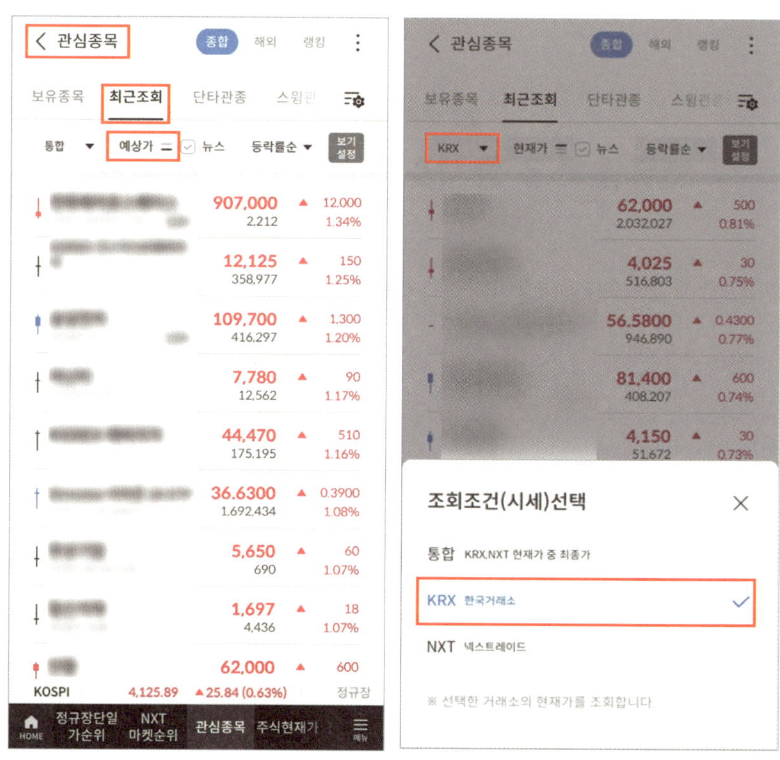

관심종목에서 '예상가'를 선택해서 봅니다. 조회조건(시세)을 'KRX'로 선택하면 정규장 기준 현재가나 예상가를 볼 수 있습니다.

인생 최고의 도둑놈은 조바심이다

★ 이 글은 2023년 8월, 네이버 카페 '투자자 트레이닝 캠프'에 올렸던 칼럼입니다. 당시의 느낌을 그대로 살리기 위해서 원본 글을 그대로 넣었습니다.

인생 최고의 도둑놈은 조바심이다. 사기꾼에게 당하는 이유도 조바심 때문이다.

무언가를 결정할 때 딱 3초만이라도 참아보자. 감정적으로 울컥해서 메시지를 타타타타 타닥 쓰고 전송 버튼을 누르기 전에 3초만 참아보자. 인생이 바뀐다.

계약서에 사인하기 전에 한 번만 더 정독해보자. 당신의 인생을 한순간에 망가뜨릴 수 있는 내용이 쪼그맣게 구석탱이에 자리잡고 있다. 특약사항은 꼼꼼히.

주식 매매도 디르지 않다. 조바심은 잘못된 진입을 유도한다. 아직 오지 않은 자리에 먼저 뛰어들게 만들고, 손절해야 할 자리에서 버티게 만든다. 수익이 날 때는 너무 일찍 팔게 만들고, 손실이 날 때는 너무 늦게 팔게 만든다. 전부 조바심이 만들어 내는 결과다.

현재 내 삶은 내가 지금까지 살면서 내린 의사결정으로 이루어진다. 화를 참지 못하고 올라갈 수 있는 기회를 몇 번이나 놓쳤는지 셀 수도 없다.

누가 옆에서 빨리하라고 재촉해도 서두르지 않아야 한다. 합당한 이유 없이 재촉하면 결정을 더 뒤로 미뤄야 한다. 그런 사람일수록 구린내가 나는 법이다.

조바심을 억제하는 방법 중에 나에게 맞는 게 있어서 공유한다. 하루에 해야 할 일을 액션 플래너(다이어리)에 적어놓고, 그때부터 계속 마음속으로 외친다.

'하나씩 천천히', '하나씩 천천히'

이 문장은 2번 반복하는 게 1세트다. 차분해질 때까지 외친다. 평균 3~5세트 외치면 마음이 차분해지는 것을 느낄 수 있다. 단타 매매할 때도 마찬가지다.

'기다려. 캔들 네가 와. 기다려.'

'내가 유리한 자리까지 기다려.'

오늘도 시장은 내가 계획한 대로 흘러가지 않는다. 서툴러도 좋다. 서두르지 않는 게 중요하다. 하나씩 천천히. 하나씩 천천히.

3장

전투 돌입
딱 1시간 집중 매매

2장에서 종목을 골랐습니다.
이제는 9시, 개장했을 때 이야기입니다.
단 1시간, 집중과 실행이 전부입니다.
전투는 지금 시작됩니다.

집중 매매 시간
(9:00~10:00)

주식 단타 매매는 개장 후 1시간이 가장 중요합니다. 그 이유는 1시간 동안 가장 많은 거래가 이루어지기 때문입니다.

■ 코스피 지수 10분봉 - 거래량 차트

코스피/코스닥 지수 차트의 분봉으로 거래량을 체크해 보면 9~10시 사이에 거래량 캔들이 높고, 점심 때는 가장 낮고, 장 막판에 다시 올라오는 패턴이 가장 많습니다.

1. 정규장 시작 : 체크해야 할 것

전날 뽑은 단타 관심종목과 보유종목(스윙)의 움직임을 확인합니다.

동시에 오늘 시장의 주도 섹터/종목이 무엇인지 파악해야 합니다. 여기서 주의할 점은 섣불리 장 시작 후 상승하는 종목에 추격매수를 하지 않는 것입니다.

단타 매매가 익숙해질 때까지는 시장을 주도하는 테마/섹터가 명확히 보일 때 매매를 시작하는 것이 좋습니다.

2. 지수 체크는 필수

지수 차트는 시장의 방향성을 가늠할 수 있게 해줍니다.

지수 차트의 끝이 위로 향하는지, 아래로 향하는지, 마이너스에서 플러스로 전환하는지, 플러스에서 마이너스로 전환하는지, 움직임을 수시로 체크하면서 매매합니다.

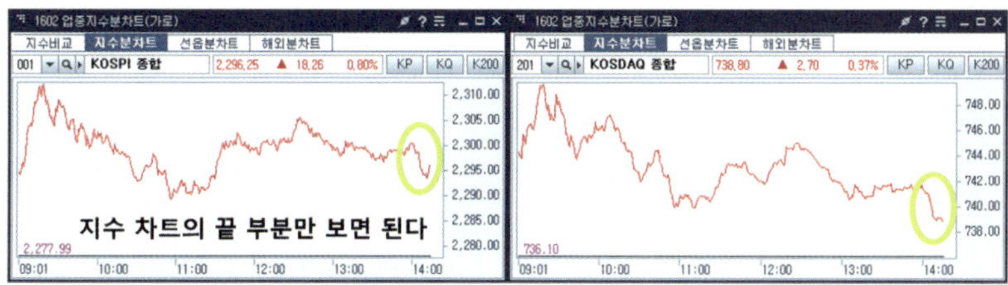

캐들과 거래량을 동시에 보는 연습과 더불어 지수 차트도 틈틈이 보는 습관을 들이는 게 좋습니다.

■ 지수 차트를 봐야 하는 순간

A라는 종목을 매매하고 있다고 가정해 봅시다.

횡보 구간에서 갑작스러운 하락에 당황하는 경우가 많습니다. 이럴 때는 지수 차트를 봐야 합니다.

만약 지수 하락으로 인해서 A 종목이 하락한다면, 지수 하락이 멈출 때까지 차분하게 대응하는 것이 좋습니다.

3. 지수 차트 분석 : 실전 매매 적용하기

■ 상승 추세일 경우

시장이 상승장일 때는 그만큼 시장 참여자의 심리가 여유롭고 편안합니다. 시장의 주도 테마 안에서 분할매수만 잘하면 됩니다.

초보자의 경우 양봉을 보면 드라큘라처럼 홀라당 팔아치워 먹기 때문에, 단타보다는 스윙 투자가 수익금/수익률이 더 높을 수 있습니다.

■ 하락 추세일 경우

시장이 하락장일 때는 시장 참여자의 심리가 불안합니다. 특히 개인투자자의 경우 시장이 흔들릴 때 감정에 이끌려 충동적으로 매수·매도하는 경우가 많습니다. 이것을 '뇌동매매'라고 합니다.

하락장에서 뇌동매매가 반복되면 단타 매매로 더 큰 손실을 봅니다.

하락장일 때는 트레이딩에 의존하기보다 '종목 선정'에 더 많은 에너지를 쏟아야 합니다. 만약 내 기준에 부합하는 종목이 없다면 매매를 안 하는 것이 현명한 선택이 될 수 있습니다.

4. 시장 상황에 따른 매매 전략

시장 상황/종목에 따라서 매매법을 선택하는 유연함이 필요합니다. 무조건 이렇게 해야 한다는 것은 아니지만, 유형을 나눔으로써 매매법을 선택하는 데 도움이 됩니다. 칼도 거대한 칼이 있고, 안주머니에 숨겨놓은 비수(작은 칼)가 있습니다. 거대한 칼은 상승장 대장주 매매처럼 큰 수익을 노리는 전략입니다. 비수는 하락장에서 인버스 테마처럼 좁은 변동성 안에서 빠르게 수익 내는 전략입니다. 시장이 무엇을 원하는지 먼저 읽고, 그에 맞는 전략(칼)을 꺼내 쓰면 수익과 가까워집니다.

■ 상승장

주가가 일시적으로 떨어져도 다시 밀고 올라가는 힘(매수세)이 강한 장입니다.

상승장에서는 시장을 주도하는 굵직한 섹터/테마 중에서 '대장주' 위주로 매매합니다. 당일 코스피/코스닥 지수가 1% 이상으로 오를 경우, 그날 가장 강한 주도 섹터/테마의 대장주를 빠르게 잡아낼 수 있느냐, 없느냐로 수익의 향방이 정해집니다. 매일매일 시장의 정규장 상승종목을 파악하는 이유가 바로 여기에 있습니다.

■ 하락 / 횡보장

주가가 반등하는 듯하다가도 다시 흘러내리는 성향이 강한 시장입니다.

상승 종목보다 하락 종목이 압도적으로 많습니다. 예를 들어, 장중 상승 종목은 500개도 채 안 되는데, 하락 종목은 1,500개가 훌쩍 넘기도 합니다.

이런 하락장에서는 단기적인 돈이 몰리는 테마의 '대장주' 위주로 매매합니다. 시장을 주도하던 무거운 메인 섹터(반도체, 조선, 2차전지, 제약/바이오, 엔터, 건설, 방산, 원자력 등) 종목보다는 가벼운 사이드 테마(저출산, 정치 테마, 반일 불매운동, 가덕도 신공항, 아프리카돼지열병 등)가 날 뜁니다.

단타 특공대 전략

섹터 vs 테마

시장의 흐름을 읽으려면 '섹터'와 '테마'의 차이를 반드시 숙지해야 한다.

- **섹터(Sector)** : 대한민국의 '현재 먹거리' 산업.
  (예 반도체, 자동차 등 실체가 있고 돈을 벌어오는 굵직한 주도 산업).
  섹터란 비슷한 업종끼리 묶인 그룹을 의미한다.

- **테마(Theme)** : 시장의 '유행' 또는 '미래 산업이 될 수 있는' 기대감.
  (예 정치, 전염병 이슈, 저출산, 웹툰 등 당장의 실적보다는 뉴스나 이벤트로 뭉쳐 다니는 종목군).
  사이드 테마란 시장 전체 흐름과 관계없이 특정 사건이나 이슈로 단기간 주목받는 테마다. 하락장에서는 메인 섹터가 힘을 못 쓰는 대신, 이런 사이드 테마들이 틈새로 강하게 움직인다. 돈이 갈 곳을 찾아 이동하기 때문이다. 하락장에서는 무거운 '섹터'보다 가볍고 빠른 '테마'가 시장을 지배한다.

지수 차트를 보면서 종목 선정하기

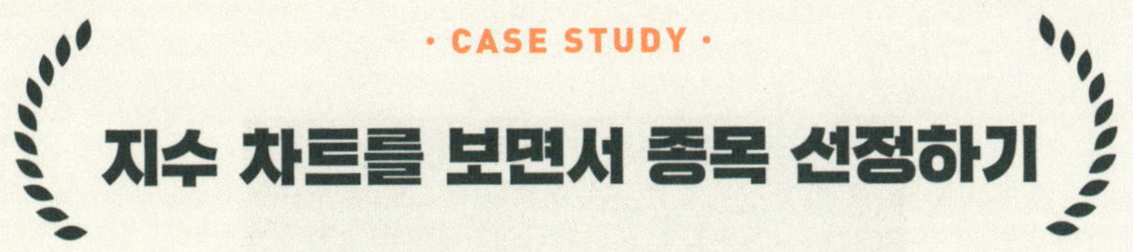

실전 사례
엘컴텍 (아시아나 관련주. 2023. 10. 31)

지수 상승 확인 및 관심종목 선정 과정

* 2023년 10월 31일 '투자자 트레이닝 캠프' 메시지

■ **집중매매**

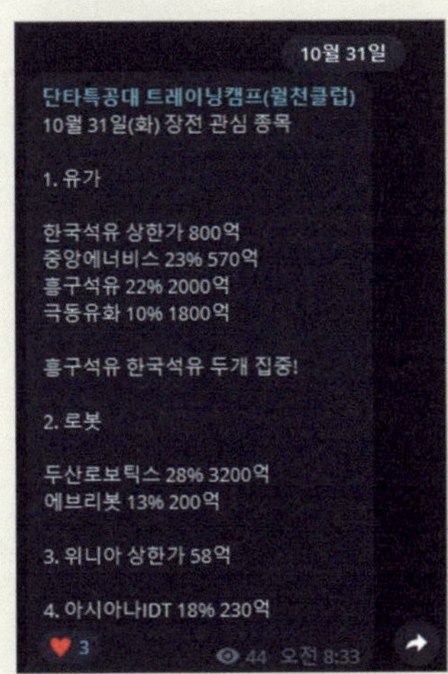

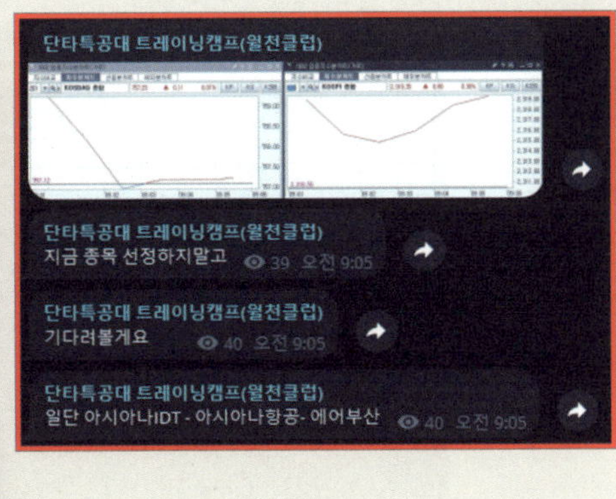

지수가 상승하는 모습을 보고 주도 테마인 아시아나 관련주를 관심종목으로 두었습니다.

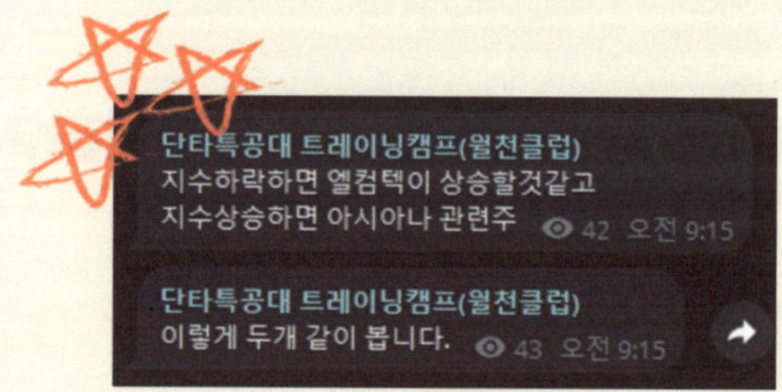

핵심

사전에 미리 장 전 관심종목을 뽑아 놓아야 합니다.

초보자의 경우 시간이 좀 더 걸릴 뿐, 누구든지 관심종목을 뽑을 수 있습니다.

익숙해지면 10분 안에 당일 매수해야 하는 종목 선정이 끝납니다.

(역시 가성비 좋은 돈벌이 수단입니다.)

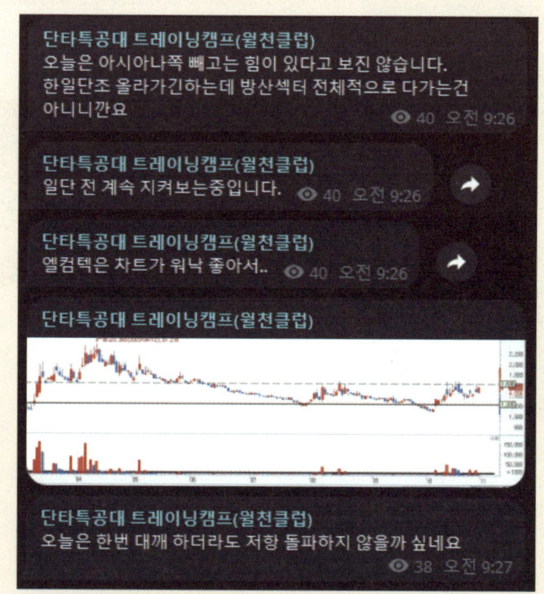

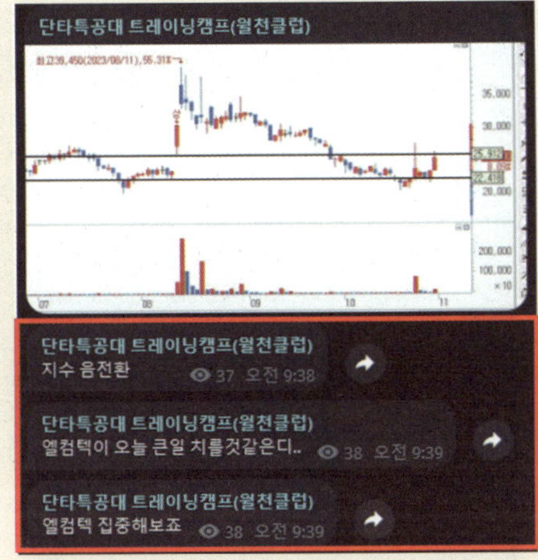

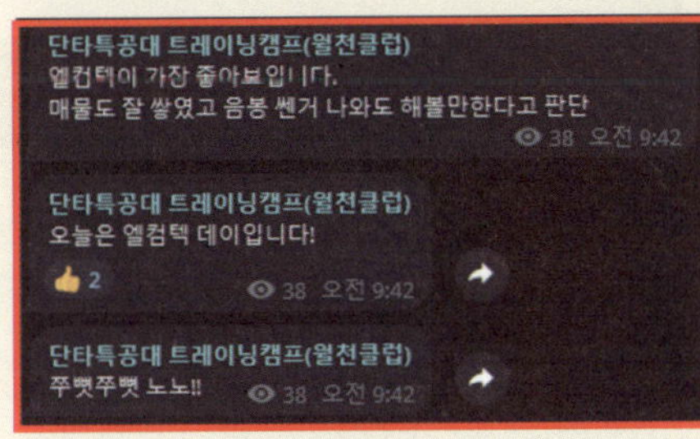

지수 체크 → 종목 선정

차곡차곡

3장 전투 돌입 _딱 1시간 집중 매매

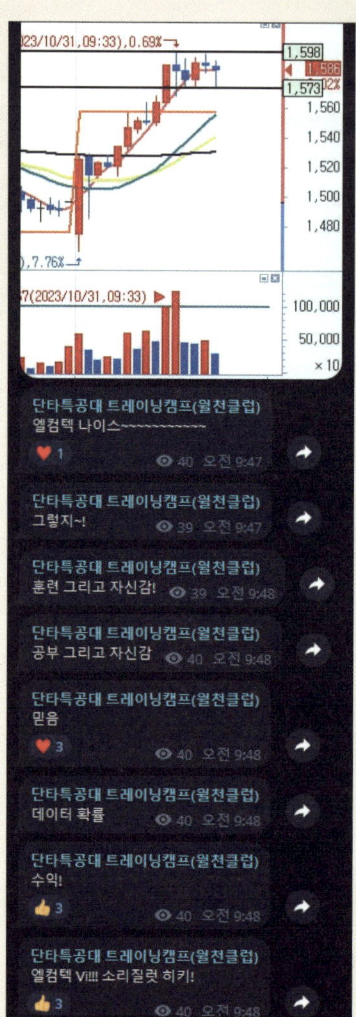

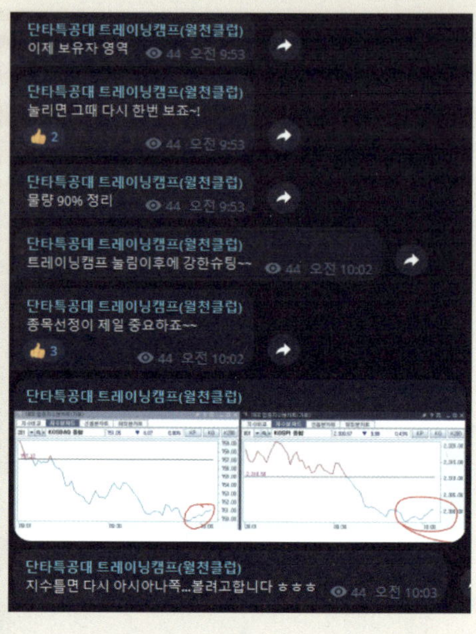

단타 특공대 특별강의 2   ## 종목 선정하는 법 + 케이스 스터디

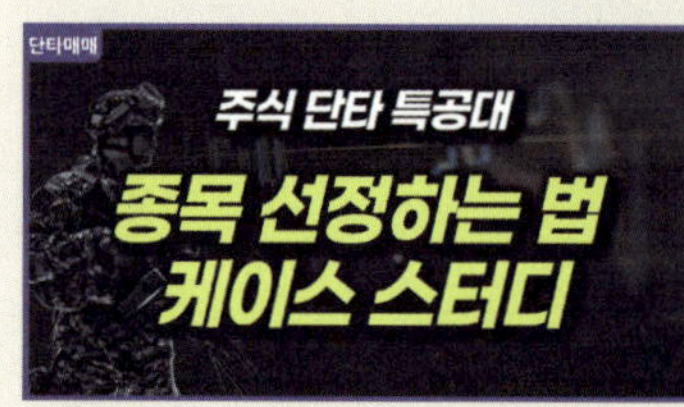

10시 이후 :
본업으로 복귀

극도로 흥분된 시장이 점차 차분해집니다. 9~10시는 당일 가장 강한 거래량과 변동성이 몰리는 구간입니다.

10시가 지나면 초반 급등·급락 이후 매도세가 소화되고, 거래량이 줄어들면서 시장이 안정을 찾습니다.

이 시간부터는 큰 수익보다 리스크 관리가 더 중요해집니다.

이때부터는 본업에 집중할 시간이 다가옵니다. 매매가 진행 중인 종목은 증권사 MTS의 알람 기능과 자동 매매 기능을 적극 활용해야 합니다.

10시 이후에는 시장이 차분해지면서 조정을 받는 종목들이 생깁니다. 하지만 강한 테마의 종목은 조정 후 다시 상승하는 경우가 많습니다.

2차 상승 포착 방법

1차 상승은 9시 장 시작 직후 테마 이슈로 급등하는 첫 파동입니다. 이후 차익 실현 매물이 나오면서 주가가 잠시 눌립니다. 이 조정을 버텨낸 종목이 다시 오르는 것이 2차 상승입니다. 이미 한 번 검증된 종목이라 1차보다 진입이 더 수월합니다.

- 9~10시에 급등한 종목 중 거래량을 유지하면서 횡보하는 종목을 주목합니다.
- 차트는 시간 단위로 나눠서 볼 수 있습니다. 5분봉은 5분마다 가격 움직임을 하나의 막대로 표시한 것이며, 10분봉은 10분마다 표시한 것입니다. 이 차트에서 가장 낮게 찍힌 가격(저점)을 확인하고, 저점을 깨지 않으면서 다시 오르려는 종목이 2차 상승 후보입니다.
- 테마가 강하고 거래대금이 꾸준히 유지되면 재진입 기회입니다.

                                            주식 단타 특공대

10시 이후 재진입은 9시보다 안전할 수 있습니다. 9시 초반은 변동성이 극도로 크기 때문에 고점 진입 리스크가 높습니다. 반면 10시 이후는 이미 한 번 급등한 종목이라 고점과 저점이 명확히 형성되어 있습니다. 이 구간을 기준으로 손절 라인을 잡기 쉽다는 것이 핵심입니다. 이미 한 번 급등한 종목이기 때문에 고점과 저점이 명확하게 보입니다.

10시 이후 거래량 패턴

■ 10시 이후 거래량 감소 패턴 차트

10시 이후에는 거래량이 줄어들면서 횡보하는 구간이 많습니다. 이때는 매매를 자제하는 것이 좋습니다.

거래량이 줄어들면서 횡보할 때 문제점

- 방향성이 불명확합니다.
- 주가의 오르내림 폭이 작아 수익을 내기 어렵습니다. 이처럼 주가가 얼마나 크게 움직이는지를 나타내는 것을 '변동성'이라고 합니다.
- 갑작스러운 하락에 대응하기 어렵습니다.

거래량이 다시 살아나는 시점을 기다리는 것이 현명합니다. 보통 오후 2시 이후 장 막판에 거래량이 다시 증가합니다.

MTS 알람을 설정하는 구체적인 방법

본업에 집중하면서도 매매 중인 종목을 관리하려면 MTS 알람 설정이 필수입니다.

가격 알람

- 익절이란 수익이 난 상태에서 매도하는 것을 말합니다. '이익 실현'의 줄임말입니다. 익절 목표가(내가 산 가격보다 +1%, +2%, +3% 오른 지점)에 알람을 설정합니다. 알람이 울리면 즉시 상황을 보고 매도 여부를 판단합니다.

- **손절 가격** : 매수가 대비 -1%, -2% 지점에 알람 설정

  *나의 경우 1% 익절 원칙이기 때문에 1% 지점에 알람을 걸어놓습니다.

등락률 알람

- 보유 종목이 5% 이상 급등/급락할 때 알람
- 급격한 변동성에 즉시 대응하기 위함

자동 매매 주문 활용

- **익절 호가 주문** : 1% 지점에서 물량 100% 매도 주문. 1%는 거래량이 줄어든 시산대에서 기대할 수 있는 현실적인 수익 폭입니다. 9~10시 초반처럼 변동성이 클 때는 더 높은 목표를 잡아도 되지만, 이 시간대에는 작은 수익을 확실히 챙기는 전략이 유효합니다.
- **손절 자동 주문** : -2% 지점에서 자동 손절 주문(주가 폭락 대비). -2% 손절은 감당할 수 있는 손실의 마지노선입니다. 본인 심리와 자금 규모에 따라 조정 가능하지만, 처음에는 이 기준으로 시작하는 것을 권합니다.

  *자동 매매 설정을 해두면 차트를 보지 않아도 수익을 확보하고 손실을 제한할 수 있습니다.

점심시간(12~1시) 대응

■ 점심시간 거래량 최저 구간 차트

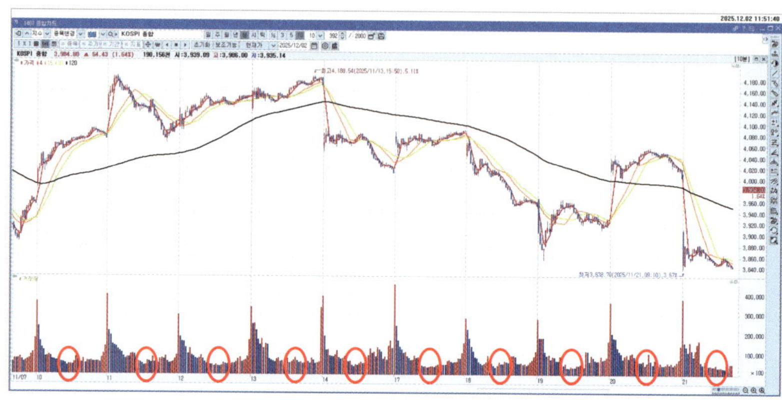

점심시간은 하루 중 거래량이 가장 낮은 시간대입니다. 시장 참여자들이 줄어들면서 시장이 조용해집니다.

점심시간 매매 주의사항

• 거래량이 부족해서 호가 스프레드가 넓어집니다. 호가 스프레드란 '사려는 가격(매수호가)'과 '팔려는 가격(매도호가)'의 차이입니다. 거래량이 적으면 이 간격이 벌어지고, 내가 원하는 가격에 매매하기 어려워집니다.

예를 들어, 1,000원에 사고 싶은데 파는 사람은 1,010원을 원한다면, 10원의 스프레드가 발생합니다. 이 차이만큼 손해를 보고 시작하는 셈입니다.

주식 단타 특공대

- 원하는 가격에 매수/매도가 어렵습니다.
- 급격한 가격 변동 가능성이 있습니다.

단타 특공대 전략

점심시간은 하루 중 거래량이 가장 낮은 구간이다. 기관투자자와 외국인들도 점심시간을 갖고, 개인투자자들도 자리를 비운다. 거래량이 줄면 작은 매매에도 주가가 크게 흔들릴 수 있다. 이 시간에는 무리하게 새 종목을 매수하기보다 보유 종목 관리에 집중하는 것이 현명하다. 점심시간에는 매매를 잠시 쉬며 보유 종목을 모니터링하는 것이 좋다. 새로운 진입은 자제한다.

본업 중 빠르게 체크할 것

본업에 집중하면서도 5~10분마다 빠르게 체크해야 할 것들이 있습니다.

■ 체크 리스트

1. **보유 종목 현재가** : MTS 알람은 지연이 생길 수 있습니다. 30초면 직접 확인이 가능합니다.

2. **지수 움직임** : 코스피/코스닥이 갑자기 급락하면 보유 종목도 영향을 받습니다. 지수 급락 시 선제 매도를 고려해야 합니다.

3. **뉴스/공시** : 내가 모르는 사이에 보유 종목에 악재(손실을 주는 소식)가 나올 수 있습니다. 뉴스가 나오면 주가 방향이 크게 바뀝니다.

4. **거래량 변화** : 갑자기 거래량이 급증하면 무언가 움직임이 생긴 것입니다. 좋은 신호일 수도, 나쁜 신호일 수도 있어 즉시 확인이 필요합니다.

계속 차트를 볼 수 없을 때 대응법

상황에 따라 아예 차트를 볼 수 없는 경우도 있습니다.

중요한 회의가 잡히거나, 외근이 생기거나, 급한 업무로 자리를 비워야 할 때입니다.

이럴 때 아무 준비 없이 자리를 비우면 예상치 못한 손실이 납니다. 두 가지 방법으로 미리 대비할 수 있습니다.

1. 매매 중단 후 정리

30분 이상 자리를 비워야 하는 상황이라면 보유 종목을 그냥 두면 안 됩니다. 수익 중이라면 익절 후 정리, 손실 중이라면 손절 후 정리가 원칙입니다.

애매한 상태로 자리를 비우면 손실이 더 커질 수 있습니다.

매매를 중단하고 매도(익절/손절)를 합니다. 마음을 비우고 지금 해야 할 업무(본업)에 집중합니다.

무리하게 매매를 이어가다가 본업도, 매매도 망치는 경우가 많습니다. 차트를 볼 수 없다면 과감하게 정리하는 것이 현명합니다.

2. 자동주문 설정

호가 주문이란 내가 원하는 특정 가격에 미리 매도 주문을 걸어두는 것입니다. 주가가 그 가격에 도달하면 자동으로 매도가 체결됩니다. 직접 화면을 보지 않아도 되기 때문에 본업을 하는 중에 유용합니다. 익절 가격(+1% 지점)에 미리 호가 주문을 넣어두면 차트를 못 보는 사이에도 수익을 실현할 수 있습니다.

앞에서 설명한 MTS 알람 설정과 자동주문은 다릅니다. 알람은 신호를 주는 것이고, 자동주문은 내가 없어도 실제로 매도가 실행되는 것입니다. 차트를 볼 수 없는 상황에서는 알람이 아닌 자동주문이 더 중요합니다. 저의 경우 1% 수익 지점에서 전량 자동 매도, -2% 지점에서 자동 손절로 설정합니다.

주가 폭락을 대비해 자동주문 기능을 활용해서 손절 가격을 정한 후 주문을 넣습니다. -2% 지점에 자동 손절을 걸어두면, 예상치 못한 급락에도 손실을 제한할 수 있습니다.

4장

공격 타이밍
매수 타이밍

3장에서 전투에 뛰어들었습니다.
이제는 언제, 어디서 살지에 대한 이야기입니다.
타점이 없으면 수익도 없습니다.
변비타점, 저돌, 막시무스 - 이것이 공격의 언어입니다.

눌림목 매매
_변비타점

눌림목이란 상승하던 주가가 잠시 숨을 고르며 조정을 받는 구간입니다. 이 구간에서 다시 오를 것을 예상하고 매수하는 것이 눌림목 매매입니다.

쉽게 말하면, 오르던 주가가 잠깐 내려왔을 때 올라타는 전략입니다.

여기서는 눌림목에서 정확히 어디서 살 것인지, 3가지 매수타점을 설명합니다.

매수타점 1. 지지저항 타점

■ 지지저항

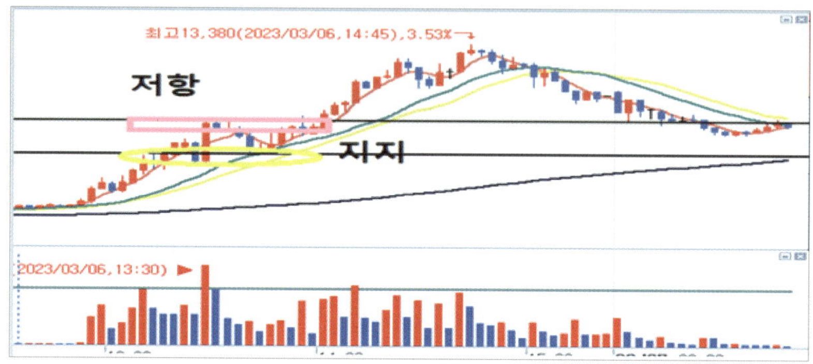

지지란 주가가 하락하다가 멈추고 반등하는 가격대입니다. 바닥 역할을 합니다.

저항이란 주가가 상승하다가 막히고 꺾이는 가격대입니다. 천장 역할을 합니다.

지지저항 타점은 이 원리를 이용한 매수 타점입니다. '지지에 사서 저항에 팔아라'가 핵심입니다.

스윙·단타 모두에서 가장 많이 활용하는 기본 타점입니다.

앞에서 지지/저항선을 잘 그어야 한다고 한 이유가 바로 여기에 있습니다. 조금 더 자세하게 설명해보겠습니다.

❶ 종목 선정이 끝났으면 지지/저항선을 긋습니다.

❷ 지지선 부근에서는 분할매수를 준비합니다.

분할매수란 한 번에 전량을 사지 않고 여러 번에 나눠서 매수하는 방법입니다. 지지선이 깨질 수도 있기 때문에 한 번에 전량 매수하면 손실이 커질 수 있습니다.

예를 들어, 총 100주를 살 계획이라면, 지지선에서 50주 먼저 사고 추가 확인 후 나머지 50주를 삽니다.

리스크를 줄이면서 기회를 잡는 방법입니다.

❸ 저항선 부근에서는 매도를 준비합니다. (반반이 스킬)

반반이 스킬이란 저항선 부근에서 보유 물량의 절반을 먼저 매도하는 방법입니다.

서항선에서 선량 매도하시 않고 절반만 팔면,

주가가 저항선을 돌파해서 더 오를 경우 남은 절반으로 추가 수익을 얻을 수 있습니다.

반면 저항선에서 꺾이더라도 절반은 이미 수익실현을 한 상태라 손실이 줄어듭니다.

매수타점 2. 변비타점

원래 명칭은 '변V타점'이라고 지었지만 편의상 '변비타점'이라고 부르겠습니다. 차트가 V자를 그리며 반등하는 모양에서 따온 이름이자, 상승하던 캔들이 이동평균선(15~20선) 사이에서 꽉 막힌 듯 좁게

뭉쳐 있는 모습이 마치 변비에 걸린 것처럼 답답해 보여서 붙인 별명이기도 합니다. 하지만 이렇게 좁은 구간에 에너지가 압축되었다가 위로 시원하게 뚫고 나갈 때 강한 상승이 나오는 경우가 많습니다.

'이동평균선'이란 일정 기간 동안의 평균 주가를 선으로 이은 것입니다. 차트에서 15선은 최근 15개 캔들의 평균, 20선은 최근 20개 캔들의 평균 주가를 나타냅니다. (예 3분봉 차트의 15선은 최근 45분간의 평균 흐름)

주가가 이 선 위에 있으면 상승 추세, 아래에 있으면 하락 추세로 봅니다.

상승했던 캔들들이 15선과 20선 사이에 뭉쳐 있으면서, 20선이 든든한 지지 역할을 해주는지 확인하는 것이 핵심입니다.

실제 주식 투자자들 사이에서는 일봉 차트의 용어(예 20일선, 15일선)가 입에 익어, 분봉 차트를 볼 때도 습관적으로 'O일선'이라고 부르는 관행이 널리 퍼져 있습니다. 책에서도 실전 매매에서 쓰이는 진짜 시장 언어에 적응하도록, 본문 중에 해당 명칭을 자연스럽게 혼용해서 썼습니다.

9~10시는 하루 중 거래량이 가장 많고 주가가 빠르게 움직이는 시간입니다. 이때는 1분봉으로 봐야 매매 타이밍을 놓치지 않을 수 있습니다.

 주식 단타 특공대

반면, 10시 이후부터는 시장이 점차 안정되면서 움직이는 속도도 느려집니다. 이때는 3분봉이나 5분봉으로 보는 것이 자잘한 잡음(노이즈)을 줄여주므로, 차트의 전체적인 흐름을 훨씬 명확하게 파악할 수 있습니다.

특히 주식 초보/입문자라면 처음부터 3분봉이나 5분봉으로 매매를 연습하는 것을 권장합니다. 1분봉은 변동이 너무 빨라 순간적인 판단이 어렵고 뇌동매매를 유발하기 쉽습니다.

하지만 3분봉과 5분봉은 심리적인 조급함을 덜어주고 천천히 분할매수할 수 있는 여유를 주어, 결과적으로 평단을 훨씬 유리하게 만들어숩니다.

■ 변비타점

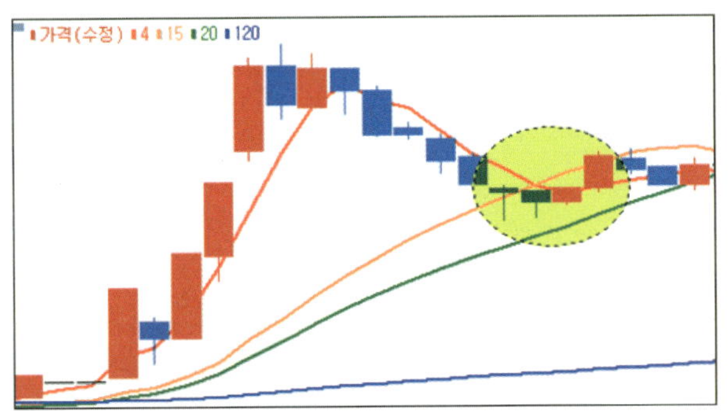

❶ 캔들이 20일선에서 지지가 되는지 확인합니다.

20일선에서 지지하는 모습이 보이면 분할매수에 들어갑니다.

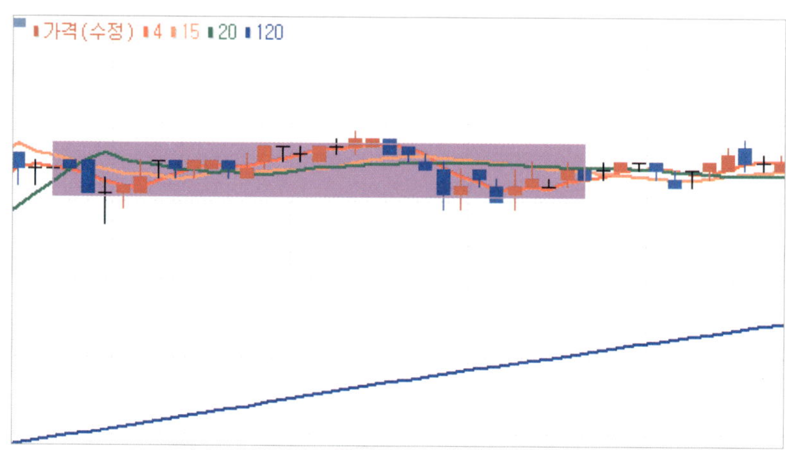

❷ 20일선을 지지하면서 상승하면 그대로 시세를 즐기고 대응을
합니다.

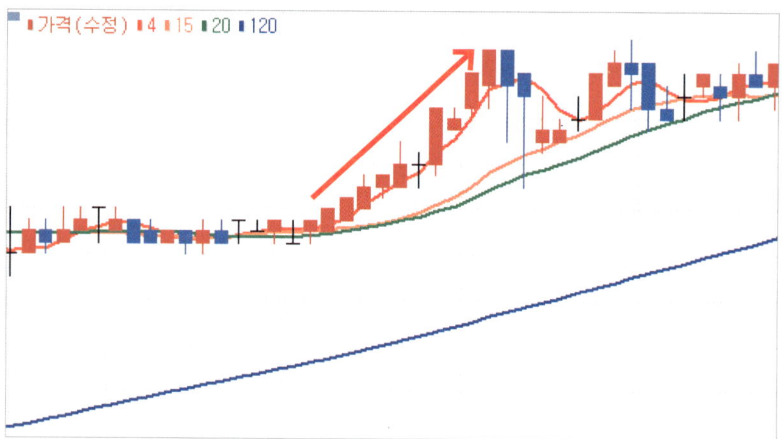

매수타점 3. 지지저항 타점 vs 변비타점

지지저항 타점과 변비타점 중에 '지지저항 타점'을 우선순위로 봅니다. 변비타점은 어디까지나 이평선 타점(보조지표)으로 캔들로 이루어진 지지/저항 타점이 더 정확하게 타점이 나옵니다. 지지저항과 변비타점이 동시에 이루어진다면 신뢰도는 더욱 높아집니다.

쉽게 정리하면 이렇습니다.

- **지지저항 타점** : 실제 주가 흐름에서 만들어진 타점. 더 직접적이고 신뢰노가 높습니다.
- **변비타점** : 이동평균선(계산값)을 기준으로 잡는 타점. 보조 역할입니다.

처음에는 지지저항 타점 하나만 익히세요. 그 다음에 변비타점을 보조로 활용하면 됩니다. 두 타점이 동시에 일치하면 신뢰도는 더욱 높아집니다.

실전 사례 1
마니커에프앤지 (2019. 9. 26)

이 사례는 2019년 9월 26일 아프리카돼지열병 테마가 급부상했을 때의 매매입니다. 어떤 흐름에서 이 종목을 잡았고, 어떻게 수익으로 마무리했는지, 타점부터 청산까지 전 과정을 시간 순서로 따라가보겠습니다.

마니커에프앤지 _장 시작

단타에서도 역시 마찬가지입니다.

기본(본질)이 더 중요합니다. 바로 지지/저항입니다.

지지와 저항선을 항상 그어가면서 매매하는 습관을 잡아야 합니다.

지지선 12,845원 즈음에 지지선을 그었습니다.

변비타점은 이동평균선을 기준으로 보는 타점입니다.

이동평균선은 보조지표입니다. 승률을 높여주는 무기입니다.

결국 그 무기를 잘 사용할 수 있는 기본기가 더 중요합니다.

4일선(4선)은 최근 4개 캔들의 평균 주가입니다.

단타 매매에서는 20일선보다 훨씬 빠르게 반응하는 단기 이동평균선입니다.

4일선이 위를 향하고 있으면 단기 상승 흐름이 살아 있다는 신호로 봅니다.

<h2 style="text-align:center">마니커에프앤지 _점심시간</h2>

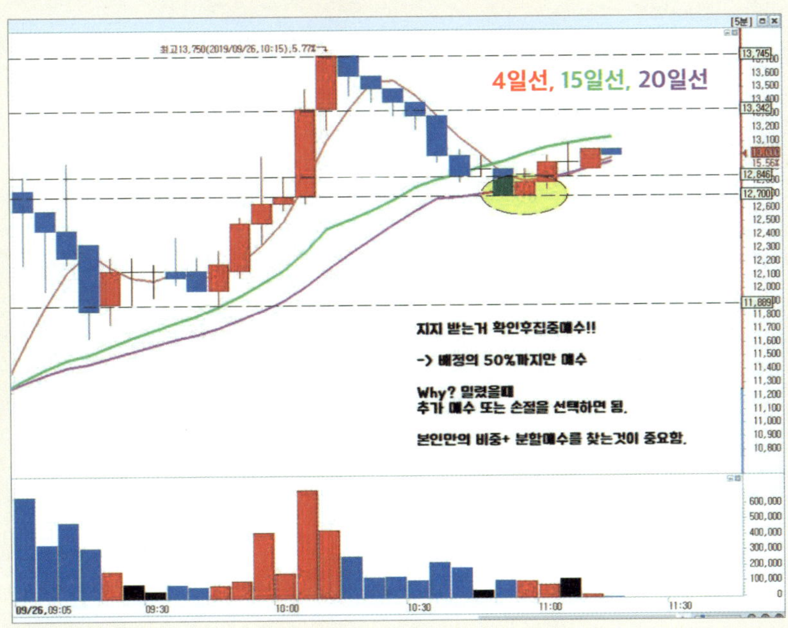

점심시간이 다가올 때는 거래량이 줄어들기 때문에 지양하는 편입니다.

점심을 먹고 시간이 잠깐 남아서 매매를 하였습니다.

뒤에 중요한 미팅/업무가 있으면 하지 않습니다.

차트를 보고 있으면 어느새 매수를 하고 있는 제 자신을 보게 됩니다.

주식과 라이프의 밸런스. 주라벨이 중요!

지지와 저항 + 기법 자리가 딱 맞아떨어져서 짧게 매매한 케이스입니다.

짧게 1차 수익실현.

마니커에프앤지 _수익실현

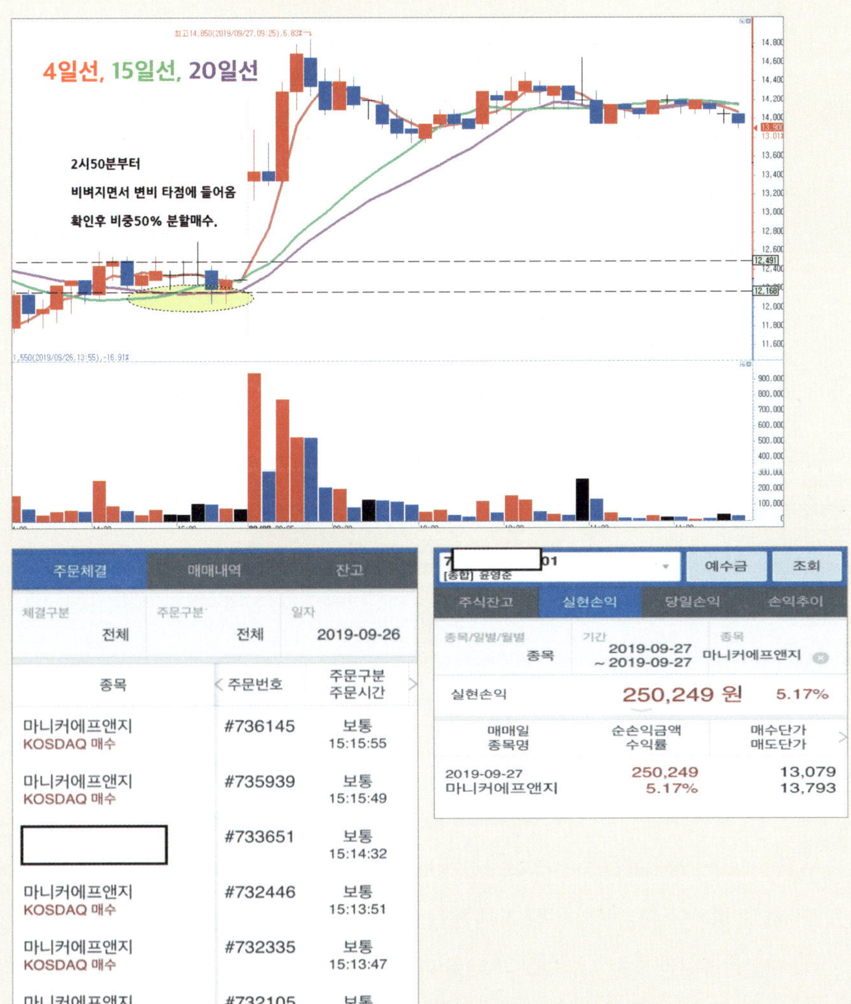

일자	시간	제목
2019/09/25	16:45	[09/25](주)마니커 단기과열종목(3거래일 단일가매매) 지정
2019/09/24	16:37	[09/24](주)마니커 (예고)단기과열종목(3거래일 단일가매매) 지정예고
2019/09/18	16:02	[09/18](주)마니커 [투자주의]투자경고종목 지정예고
2019/07/02	16:20	[07/02](주)마니커 기타 안내사항(안내공시)
2019/04/25	16:41	[04/25](주)마니커 (해제) 단기과열완화장치(3거래일 단일가매매) 발동 해제
2019/04/24	16:12	[04/24](주)마니커 [투자주의]투자경고종목 지정예고
2019/04/22	16:52	[04/22](주)마니커 단기과열완화장치(3거래일 단일가매매) 발동

2019/09/25 16:45 [09/25](주)마니커 단기과열종목(3거래일 단일가매매) 지정

단기과열종목(3거래일 단일가매매) 지정

다음 종목은 유가증권시장 업무규정 제106조의2에 따라 다음과 같이 단기과열종목으로 지정하오니 투자에 유의하시기 바랍니다.	
대상종목	마니커(KR7027740000)
지정일	2019-09-26
지정사유	유가증권시장 업무규정 시행세칙 제133조에 따른 단기과열종목 지정요건 충족
시장조치 내용	지정일 포함 3거래일간 30분 단위로 매매거래가 체결되는 단일가매매 방식 적용
종료일	2019-09-30
투자유의사항	종료일의 다음 매매거래일(해제일)부터 단기과열종목 지정을 해제하고 정상적인 매매거래방식이 적용됩니다. (일반종목은 정규시장에 접속매매방식이 적용되고, 유동성기준에 따른 단일가매매대상 저유동성종목은 10분 단위매매, 이상급등 단일가매매종목은 30분 단위매매 적용)

마니커에프앤지를 매매한 이유도 같이 공부하면 좋을 것 같습니다.

마니커로 사골 우리듯이 단타 매매를 하고 있는데 공시가 떴습니다.

단기 과열 종목 지정으로 9월 30일(월)까지 단일가매매로 거래한다는 공시입니다.

단기 과열 종목이란 주가가 단기간에 너무 빠르게 오른 종목을 말합니다. 거래소에서 이 종목을 지정하면 일정 기간 동안 단일가매매로만 거래됩니다.

단일가매매란 특정 시간대에 주문을 모아 한 번에 체결하는 방식입니다. 실시간으로 사고팔 수 없어서 단타 매매자에게는 불리한 상황입니다.

이 공시를 보고 9월 30일 이후 매매를 포기한 판단이 올바른 이유입니다.

단타 투자자들에게는 정말 짜증 나는 공시입니다. 왜냐하면 빠르게 돈을 순환하고

싫어 하기 때문이죠.

그렇다면 손절을 하더라도 자금을 뺄 겁니다. 그러나 아프리카돼지열병 테마는 재료가 살아있고, 그렇다면 수급이 어디로 몰릴까 생각했습니다.

현재 단계에서는 방역주(대장주 빼고) 단계보다 대체육(닭)/수입육으로 몰릴 거라 판단했습니다.

테마주 투자법에서 배웠듯이 시장은 테마의 신인들을 발굴하고 찾아 나섭니다. 신규 상장주 쪽이죠.

물량도 기존 기업보다 쌓이지 않을 확률이 높고 시장에서 주목을 하지 않았기에 주가를 올리기에도 좋습니다. (상대적으로 적은 규모의 자금으로 가능) 그래서 마니커에프앤지를 눈여겨보았습니다.

신규 상장주에 마니커와 관련 회사인 마니커에프앤지를 종가베팅 하였습니다.

마니커에프앤지 _종가베팅

종가베팅이란 장 마감 30분~1시간 전에 다음 날 추가 상승을 예상하고 진입하는 전략입니다.

당일 좋은 흐름을 보인 종목이 장 마감까지 지지선을 지키고 있을 때 활용합니다.

다음 날 시초가에서 수익실현하는 것이 일반적인 목표입니다.

단, 변동성이 크기 때문에 반드시 손절 라인을 먼저 잡고 들어가야 합니다.

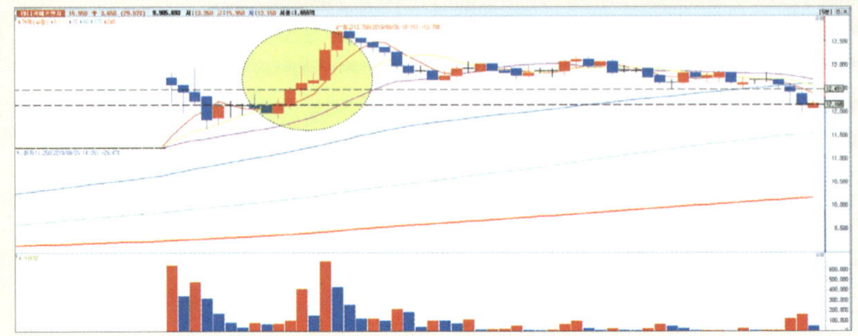

9월 26일 오전부터 들썩거림을 확인 후 변비기법을 들어갈 준비를 하였습니다.

그리고 기법에 맞는 자리가 와서 매매하였습니다.

2019/09/27	16:03	[09/27](주)마니커에프앤지 [투자주의]투자경고종목 지정예고

2019/09/27	16:03	[09/27](주)마니커에프앤지 [투자주의]투자경고종목 지정예고

[투자주의]투자경고종목 지정예고

다음 종목은 투자경고종목으로 지정될 가능성이 있어 2019.09.30일(1일간) 투자주의종목으로 지정되니 투자에 주의하시기 바랍니다.

1. 대상종목	마니커에프앤지	보통주
2. 지정예고일	2019년 09월 30일	
3. 지정예고사유	- 2019년 09월 27일의 종가가 5일 전일의 종가보다 60% 이상 상승	
	- 2019년 09월 27일의 종가가 15일 전일의 종가보다 100% 이상 상승	
	- 2019년 09월 27일의 종가가 5일 전일의 종가보다 45% 이상 상승하고	
	아래 「4. 투자경고종목 지정여부의 [3]중 ③」에 해당	

그리고 9월 27일(금) 오후 4시에는 단기 과열 종목으로 9월 30일(월)에 지정될 수도 있다는 공시가 떴습니다.

역시 대한민국 주식시장은 재미있습니다. 다이나믹합니다.

9월 30일 날 지정을 할 수 있으니 9월 30일에 마니커애프엔지와 짧은 인연을 마무리하는 걸로 계획을 세워야 합니다.

왜냐하면 단기 과열 종목으로 지정되면 10월 초부터 내가 들어간 종목이 단일가매매로 묶이게 되는 답답함을 겪습니다. 10월 초장부터 말리는 거죠.

실전 사례 2
휴마시스 (2020. 11. 26)

휴마시스

2020년 11월은 코로나 관련 진단키트 테마가 여전히 강하게 살아있던 시기입니다.

휴마시스는 임신 진단키트와 함께 코로나 항원 진단키트를 생산하는 기업입니다.

이 케이스는 변비타점이 형성된 이후 VI(Volatility Interruption, 변동성 완화 장치)

발동까지 이어진 강한 상승 흐름을 담고 있습니다.

변비타점 → VI 발동

VI(변동성 완화 장치)란 주가가 갑자기 급등 또는 급락할 때 잠시 거래를 멈추는 제도다. 2분간 단일가 방식으로 거래하면서 과도한 변동성을 완화한다. 단타 매매자 입장에서 VI 발동은 강한 상승의 신호다. 특히, 변비타점에서 VI가 발동되면 이후 추가 상승 가능성이 높다.

① 임신 진단키트 + 배란 관련 회사입니다.

회사에 대해 아무것도 모를 때보다 무엇을 하고 있는 회사인지, 간단한 재무 정보를 알고 있으면 매매하는 데에 자신감이 생깁니다.

MTS나 네이버 증권에서 종목명을 검색한 후 [기업정보] 탭을 누르면 기본 재무 정보를 확인할 수 있습니다. 시가총액, 매출액, 영업이익 세 가지만 봐도 기업의 기본 체력을 파악하는 데 충분합니다. 단타 매매에서 기업분석은 깊게 할 필요가 없습니다.

이 회사가 어떤 사업을 하는지, 지금 주목받는 재료(이슈)가 무엇인지만 파악하면 됩니다. 최소한 이 회사가 어떤 재료(상승 모멘텀)에 속하고 있는지 파악하는 것은 기본이겠죠?

주식 나침반 : 종목/기업분석, ★3박자 투자법 (재무)

POINT ———————

3박자 투자법

차트·재무·재료, 세 가지의 기준을 모두 통과한 종목에 투자하는 스윙투자 매뉴얼.

2 매매할 때 1분봉/3분봉/5분봉 중에서 무엇을 써야 할지는 매매를 통해서 스스로 선택해야 합니다. (저는 1분봉, 3분봉을 주로 씁니다.)

저의 경우 팁을 드리면, 빠르게 움직이는 종목 특히 제약/바이오 (2020년에는 코로나 관련 주)는 1분봉으로 주로 매매를 합니다. 그 외에도 시장이 가장 빠르게 움직이는 장 초반 9~10시 사이에서는 1분봉을 사용합니다.

주식 나침반 : 분봉 선택, 섹터별 차트 움직임

특히 1분봉은 기존 보유종목의 익절 실현 타이밍에 도움이 됩니다.

예를 들어, 내가 보유하고 있는 종목이 1분봉 기준 4(5)일선 밑으로 완벽하게 이탈했을 때는 지금까지의 수익을 거두기 위한 대응을 해야 합니다. 전부 거둘지 반반이 스킬을 쓸지는 본인이 선택해야 합니다.

실전매매를 통해서 이런 경험들을 쌓아나가면서 본인의 기준을 잡아나가는 게 투자자가 해야 할 일입니다.

주식 나침반 : 익절 기준, 단기 이동평균선의 활용

실전 사례 3
한국가구 (2021. 2. 1)

단타 종목 선정 (3박자+단타 특공대 기준)

2021년 1월 28일 정규장 마감 후 어닝서프라이즈로 시간 외 상한가 기록. 다음 날 상한가까지 올랐지만 윗꼬리가 길고 몸통이 짧은 음봉으로 마감했습니다. 이는 매도 세력이 강해서 고점에서 많이 팔렸다는 신호입니다.

■ **한국가구**

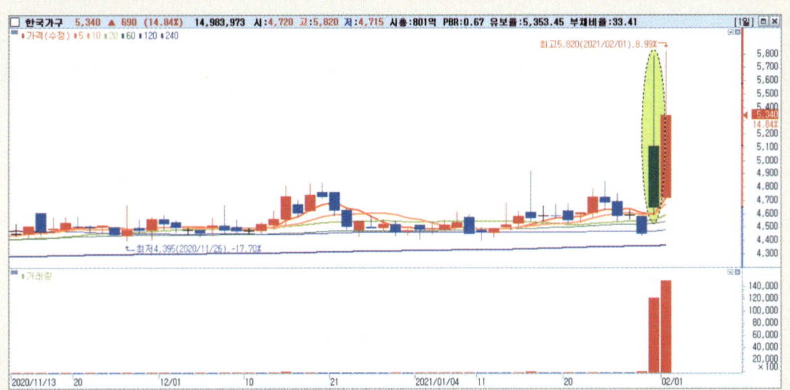

POINT ───────────────

캔들 기본 용어

- 양봉 : 시가(시작 가격)보다 종가(마감 가격)가 높은 날 (빨간 막대)
- 음봉 : 시가보다 종가가 낮은 날 (파란 막대)
- 윗꼬리 : 캔들 위로 뻗은 선. 장중 고점까지 올랐다가 내려왔음을 의미한다.

하루에 1-2파가 다 끝났다 밑에서 모아가도 되고 단타로 해도 됩니다. 좀 더 확실하게 하기 위해서 기업분석에 들어갔습니다.

재료 미 노출이니 직접 알아봐야 합니다. 한국가구의 자회사는 해외 원료 독점 수입 후 국내 제과, 레스토랑, 호텔에 제공하는 업이 있습니다. 이거다! 식료품 관련주. 이건 그럼 갑니다!

홈 리모델링 사업도 합니다. 매출 600억 중 가구는 100억이고 나머지는 다 제과 베이커리입니다. 시가총액 800억의 매출액 600억, 영업이익 87억, 안 할 이유가 없습니다. 단타 매매에서 시총 800억원은 큰 것이 아니며, 소규모 자금으로도 주가를 움직일 수 있는 규모입니다. 매출 600억원에 영업이익 87억원이면 영업이익률 약 14%로 탄탄한 실적입니다.

이런 종목은 테마가 붙었을 때 근거 없는 급등이 아니라 실적이 뒷받침된 상승이라 더 신뢰할 수 있습니다. 불봉[★] 까지 있는데 떨리면 주식투자 그만해야 합니다.

■ 한국가구

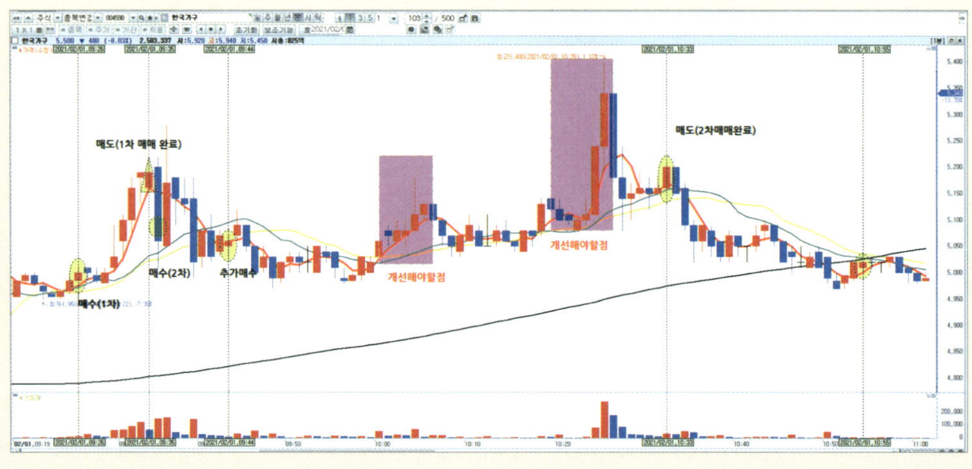

복기 (Review)

종목 분석하고 선정하는 데에 시간과 에너지를 쓴 것에 비하면 만족하지 못한 매매였습니다. 수익은 당연히 형편없습니다. 반성해야 합니다. 일단 개선해야 할 점(분홍색 네모 칸)이 명백했습니다.

2월 첫날부터 상쾌하게 시작한다고 새벽 4시에 일어났습니다.

10시가 넘어가니 조금씩 졸렸습니다. 눈꺼풀이 감겨오면서 잠들었습니다.

평소에 단타 매매를 할 때는 종목 알람만 걸어 놨습니다. 윤타 매매는 자동 매수&매도를 해놓는데, 단타의 경우 차트를 못 보는 경우에도 핸드폰 알람에는 반응할 수 있는 상태를 유지해왔습니다. 그런데 잠들어버린 바람에 진동도 못 듣고 그냥 방치 상태로 해놨습니다. 이 얼마나 안일한 대응인가요. 투자 과정은 좋았지만 매매 과정은 완전 멍청이었습니다.

내가 대응할 수 없는 상태라면 자동 매도 주문으로 수익 보존 또는 로스컷을 해놔야 합니다. 명심합시다! 대응능력이 곧 실력입니다! 실력이 곧 수익금으로 환산됩니다! 그리고 감사하게 생각합니다.

단타 매매 능력만 제대로 키운다면 1,000만원으로도 4,000만원의 효과를 낼 수 있습니다. 총 4번의 매매로 100만원의 수익을 낸 것은 다행이나, 대응을 잘했다면 500만원 이상도 수익이 났을 것입니다.

종목 분석과 일봉 차트 분석 빼고는 잘한 게 없습니다.

▣ 종목매도합	12.232		12.232	5,204	63,665,520
▣ 종목매수합	12.232		12.232	5,082	62,164,420

이 케이스에서 얻은 원칙 3가지

1. 새벽 일찍 시작한 흥분은 장 초반에 냉정함을 빼앗는다. 몸과 마음 컨디션 관리가 먼저다.

2. 자동 매도 주문은 잘 때도 작동한다. 미리 설정해두지 않으면 방치가 된다.

3. 종목 분석을 잘해도 대응 능력이 없으면 수익은 절반이 된다. 대응이 곧 실력이다.

실전 사례 4
극동유화
(매매일자 2022. 2. 24, 작성일자 2022. 3. 1)

■ **극동유화**

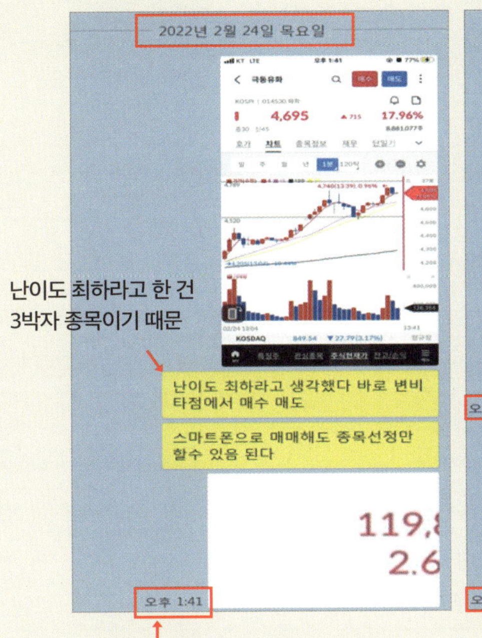

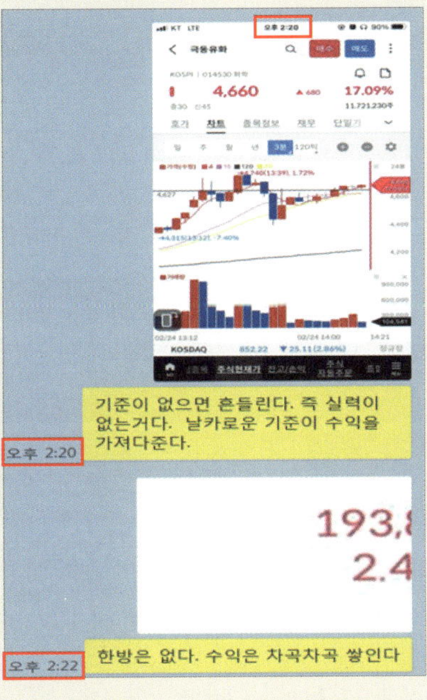

난이도 최하라고 한 건
3박자 종목이기 때문

오후 1시 40분에 매매를 한 이유는
알람이 떴기 때문입니다.
알람 설정의 기준은 스윙매매입니다.

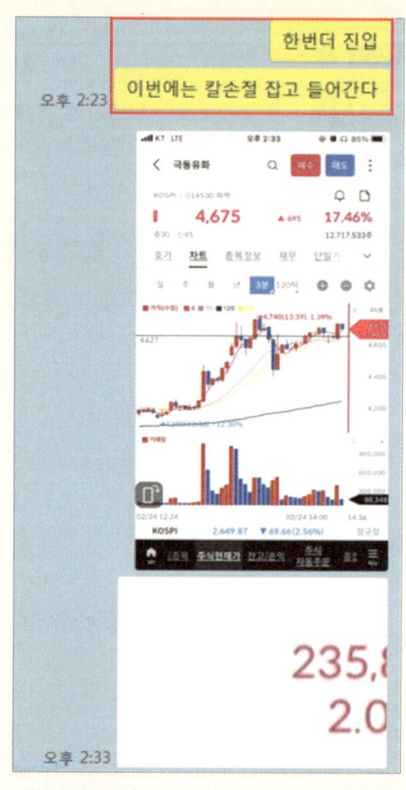

칼 손절을 잡은 이유는

1. 차트가 높고 (단타니까 30% 기준으로 15% 이상이면)
2. 장마감시간이 다가왔기 때문입니다.
   장 마감 시간에 가까울수록 거래량이 줄어들고 내가 원하는 가격에 매도하기 어려워집니다.
   또한, 다음 날 어떤 변수가 생길지 모르는 채로 보유하면 리스크가 커집니다.
   단타 매매의 원칙은 당일 정리입니다. 장 마감 30분 전부터는 손절이든 익절이든 결론을 냅니다.

차트가 높다는 건 캔들과 이평선과의 거리(이격도) 차이를 이야기합니다.
물론 이것도 하나의 기준입니다.

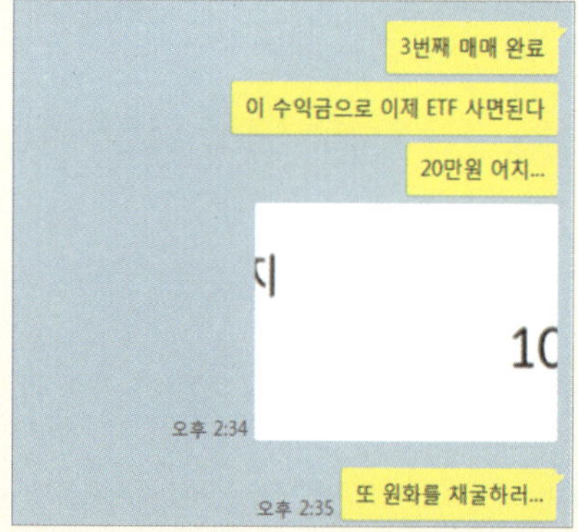

주식 단타 특공대

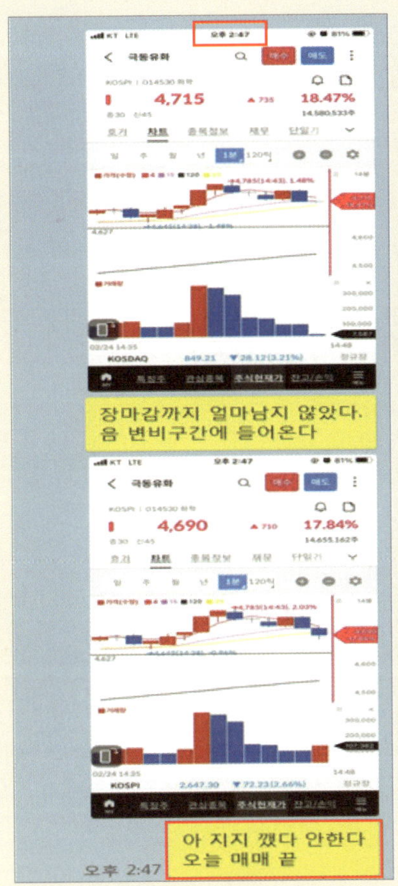

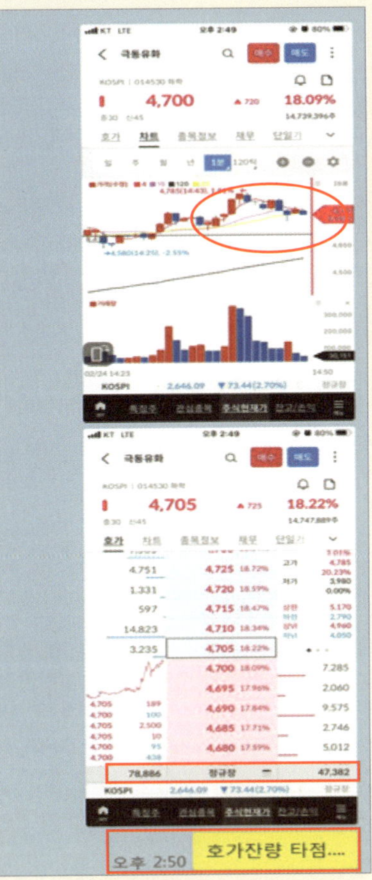

차트에서 지지가 깨져서 매매를 하지 않으려고 했지만,
변비타점+매수 잔량보다 매도 잔량이 두 배가 넘어가는 걸 확인하고 매수 진입하였습니다.

물론 이때에도 칼손절 기준으로 들어갔습니다.
(지금 이 과정이 매매시나리오를 짜는 겁니다.)

| 2022-02-24
극동유화 | 306,478
1.50% | 4,625
4,707 | 정규장 매매 수익금 |

| 4 극동유화
5.60% | 4,810
689,787 | ▲ 255
5.60% | 시간 외에서 상승을 보고 물량 모두 정리 |

| 2022-02-24
극동유화 | 405,496
1.62% | 4,631
4,719 | 극동유화 매매 마무리 |

시간 외에서 전량 매도한 이유는 수익 줄 때 챙겨야 됩니다.
당시 시장 상황을 고려하면 수익 줄 때 도망가야 됩니다.
시간 외 상승 이후에 다음 날 갭 띄우고 하락하는 경우가 많았기 때문입니다.

갭이란 전날 종가와 다음 날 시초가 사이에 생기는 가격 차이입니다.
시간 외에 강하게 오른 종목은 다음 날 시초가가 높게 시작(갭 상승)합니다.

하지만 이 갭에서 추가 상승 없이 바로 하락하는 패턴이 자주 나옵니다. 이미 시간 외에서 기대감이 반영되어 매수세가 소진된 것입니다. 이 때문에 시간 외 상승 이후에는 당일 수익을 확실히 챙기는 것이 더 안전합니다.

복기 (Review)

- **이 케이스에서 잘한 것** : 변비타점 진입 / 시간 외 수익실현 / 칼 손절 기준 준수.

- **이 케이스에서 아쉬운 것** : 추가베팅 후 물량 관리.

- **다음에 적용할 원칙** : 기준이 나왔을 때 두려움 없이 진입, 시간 외 급등 후 익일 리스크 인식.

돌파 매매
_저돌

저돌은 '저항돌파'의 약자입니다. (이하 저돌)

저돌은 일봉 차트 기준 캔들 몸통이 강력한 저항선을 확실하게 뚫어주었을 때를 의미합니다.

저돌이 된 종목은 '스윙투자' 또는 '단타 매매'에서 공략 우선순위로 잡을 수 있습니다.

저는 단타종목 선정을 '스윙투자' 관점에서 접근합니다. 그러면 저항선이 자연스럽게 보이고, 그 저항선을 뚫는 순간이 바로 진입 타이밍입니다. 이것이 저돌입니다.

[준비 과정]

정규장이 끝나면 거래량/거래대금을 기준으로 종목 필터링을 합니다.

재료분석 후 단타 관심종목으로 추가합니다.

일봉 차트의 저항선을 분봉 차트에도 그대로 긋습니다. 집중 매매시간(오전 9~10시)에 저돌이 나오는 순간 시장가[*]로 매수합니다.

[매수 후 체크 리스트]

- 일봉 차트 기준 다음 저항이 어디 있는지 확인합니다.
- 분봉 차트 기준 지지/저항을 빠르게 확인합니다. (선을 긋습니다)
- 거래량의 증감을 확인합니다.
- 현재 주가와 다음 저항까지 격차가 얼마나 되는지 확인합니다. (손익비 계산)
- 호가창[*]으로 매수/매도 잔량의 차이를 확인합니다.

단타 매매를 10번 시도하면 9번은 '저돌'을 무기로 진입합니다.
그 이유는 다음과 같습니다. (생각의 흐름)

1. 윤타는 '트레이더' 보다 '투자자'를 지향합니다.
2. 그러다 보니 종목을 분석하는 접근법이 '스윙' 관점에서 이루어집니다.
3. 매수 전 매매시나리오를 짤 때는 눌림(지지)과 돌파(저항)를 할지, 안 할지는 모릅니다. 3박자 분석을 통해서 (특히 재료분석) 기대수익률, 보유기간, 투자금액, 매수 전략 등 매매시나리오에 필요한 요소들의 의사결정을 합니다.
4. 위의 과정을 저는 '스윙 안에 단타 있다'라고 합니다.

CASE STUDY를 통해서 실전 매매에 어떻게 활용되는지 구체적으로 알아보겠습니다.

 저돌 + 케이스 스터디

실전 사례 1
대봉엘에스 (작성일자 2024. 7. 24)

■ 대봉엘에스 일봉 차트

출처 : 삼성증권 HTS 2024년 7월 24일

2024년 7월 2일, 오랫동안 저항으로 작용했던 지역(Zone)을 거래량을 동반한 장대양봉으로 뚫었습니다. 저항돌파 차트입니다.

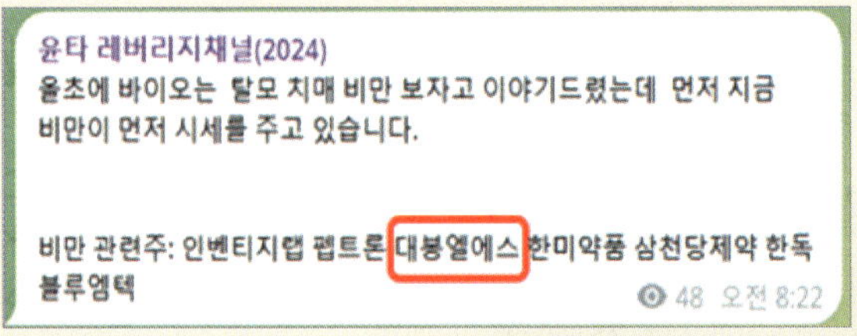

출처 : 〈윤타 레버리지 채널〉 24년 7월 2일

비만 치료제 관련주에 대해 빠르게 3박자 분석을 마친 후, 탑픽(1순위 공략 대상)으로 '대봉엘에스'를 선택했습니다.

       주식 단타 특공대

출처 : 〈대봉엘에스 일봉 차트〉 삼성증권 HTS 24년 7월 24일

횡보 기간을 거친 후 7월 19일, 7월 23일 두 번 저돌 캔들을 만들면서 저돌 공략 기회를 줬습니다.

3박자 분석 후 관심종목에 넣어둔 후에 매일매일 집중매매 시간에 해당 종목이 저항돌파를 하는지 모니터링을 합니다.

집중매매 시간 이후에 '저항돌파'를 할 수 있으니 증권사에서 제공하는 '알람' 기능을 적극 활용하면 좋습니다.

'트레이닝 캠프'의 실시간 코멘트를 통해서 대봉엘에스 매매를 복습해보겠습니다. 트레이닝 캠프 관련 내용을 공부할 때는 맨앞의 '일러두기'를 참고해서 보면 좋습니다.

대봉엘에스 분석하기 예

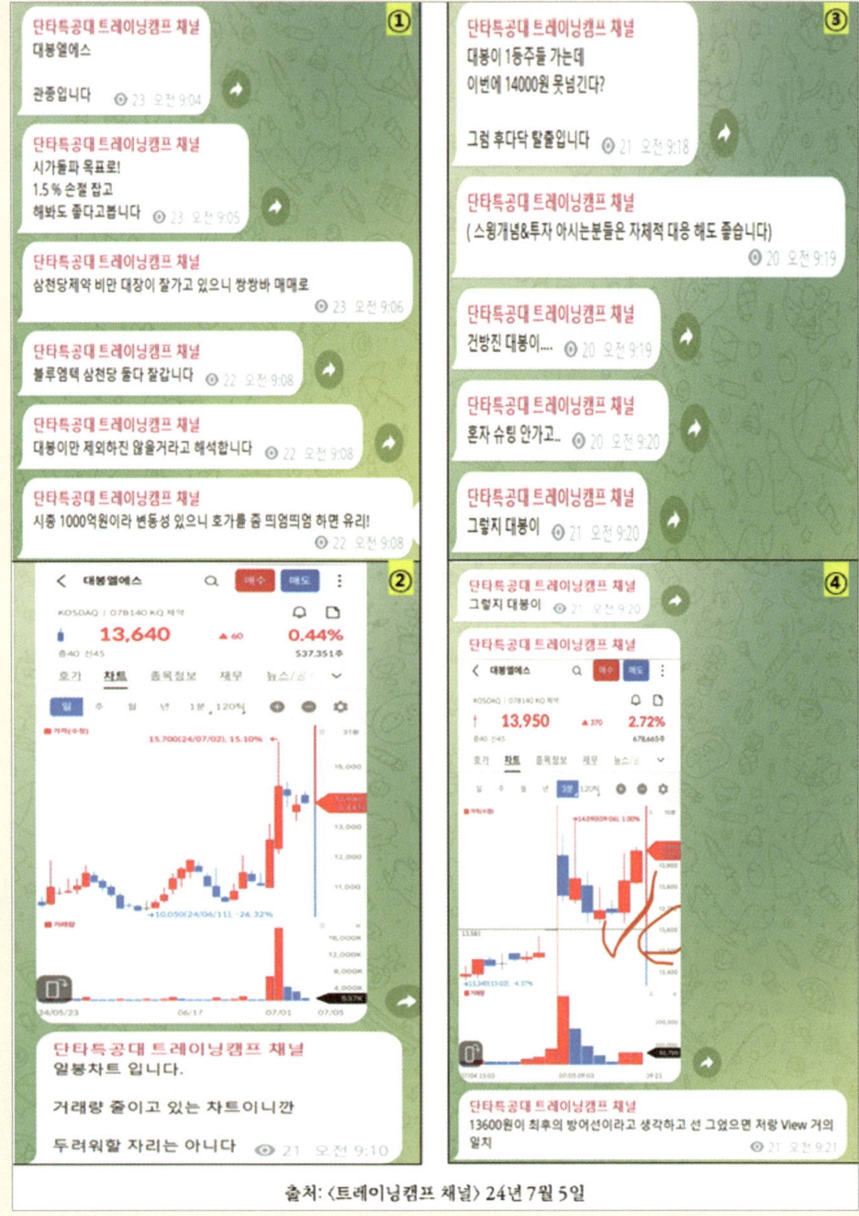

출처: 〈트레이닝캠프 채널〉 24년 7월 5일

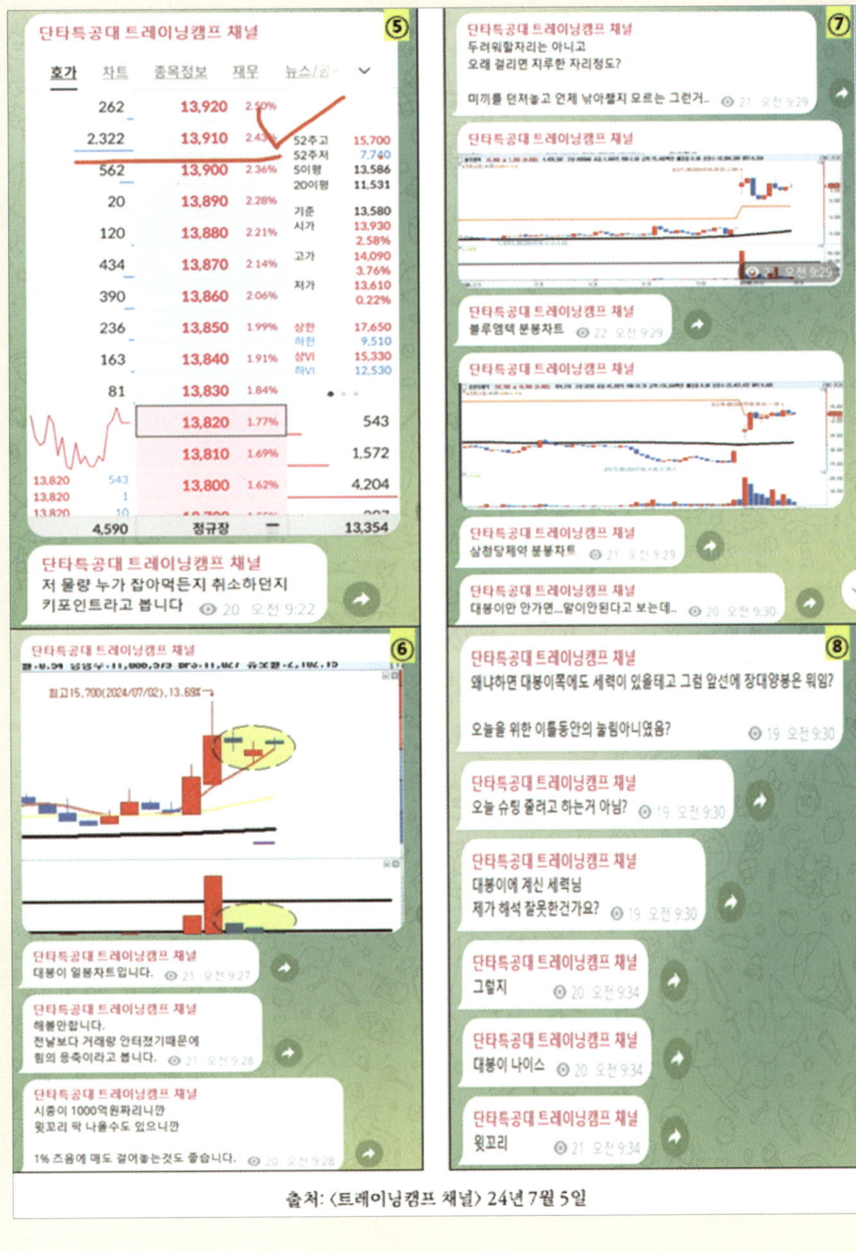

출처: 〈트레이닝캠프 채널〉 24년 7월 5일

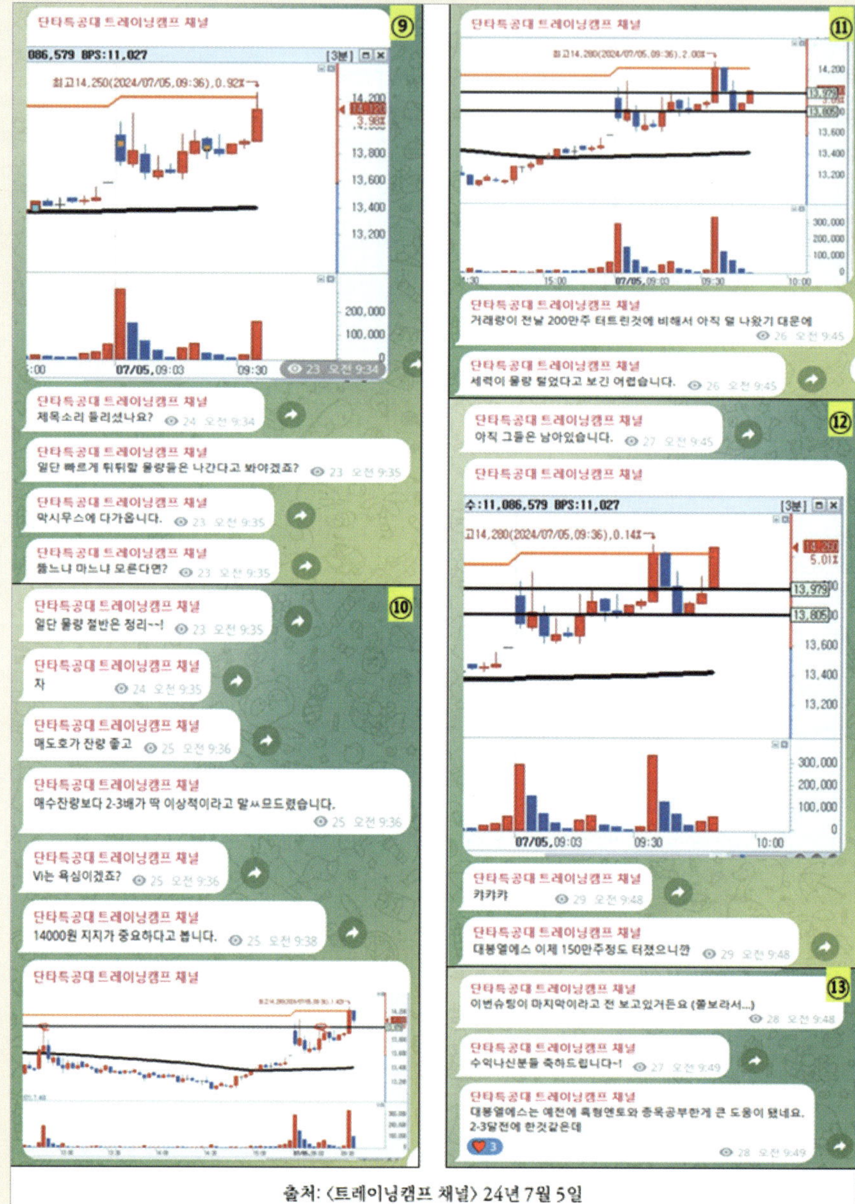

출처: 〈트레이닝캠프 채널〉 24년 7월 5일

주식 단타 특공대

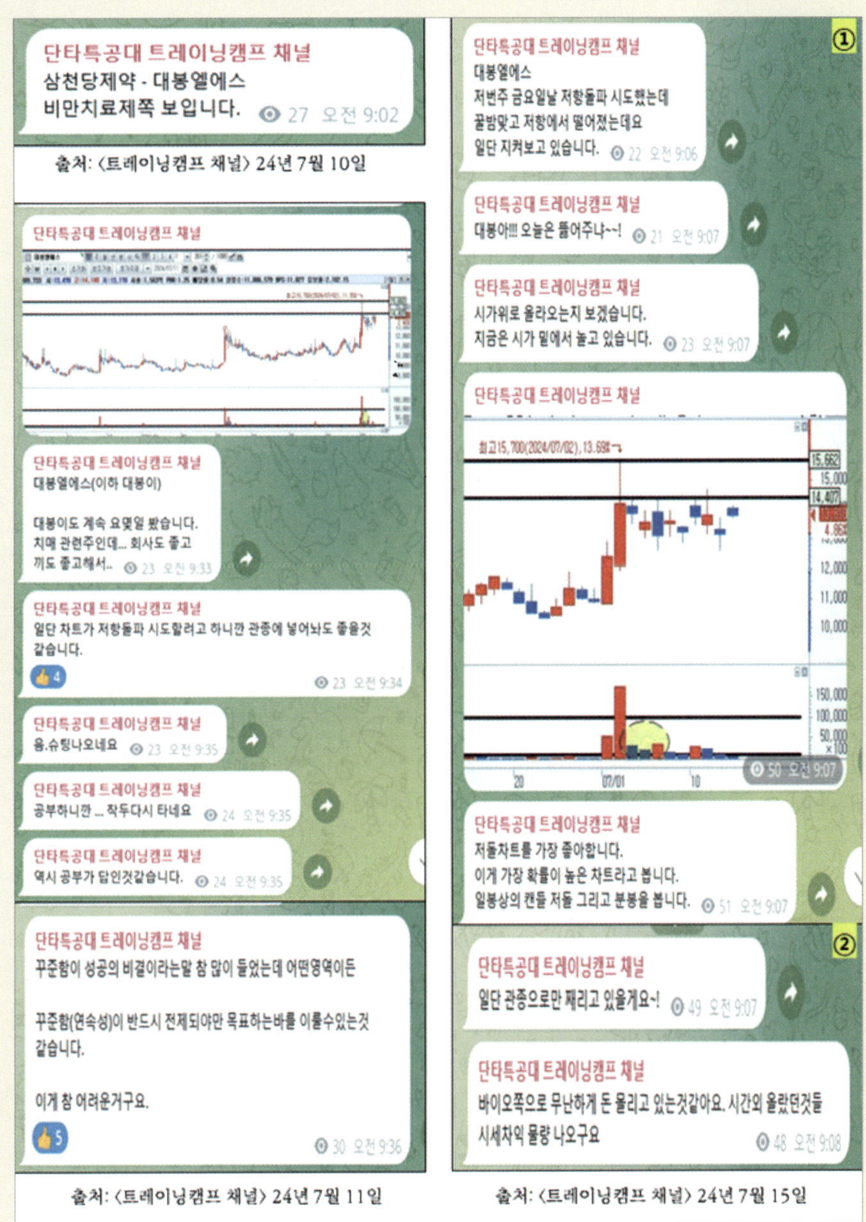

출처: ⟨트레이닝캠프 채널⟩ 24년 7월 10일

출처: ⟨트레이닝캠프 채널⟩ 24년 7월 11일

출처: ⟨트레이닝캠프 채널⟩ 24년 7월 15일

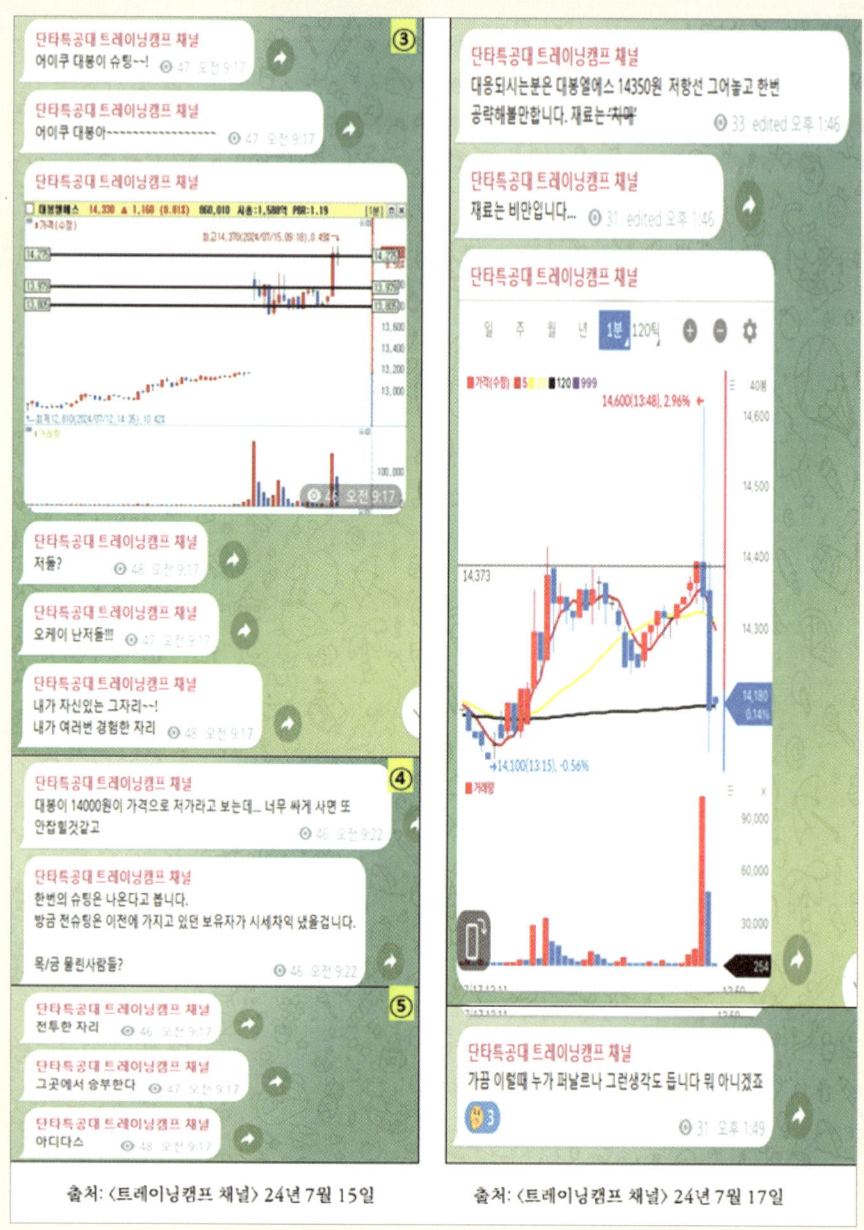

출처: 〈트레이닝캠프 채널〉 24년 7월 15일

출처: 〈트레이닝캠프 채널〉 24년 7월 17일

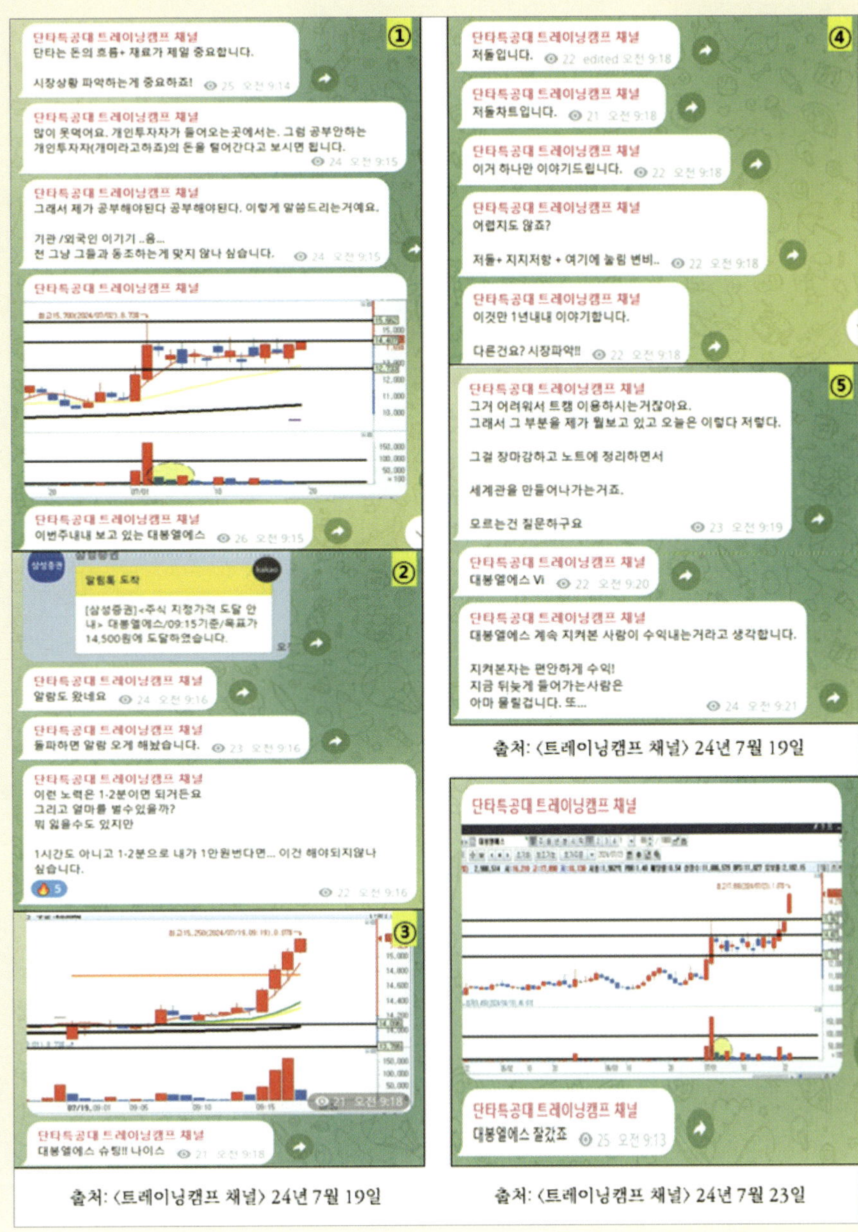

출처: 〈트레이닝캠프 채널〉 24년 7월 19일

출처: 〈트레이닝캠프 채널〉 24년 7월 19일

출처: 〈트레이닝캠프 채널〉 24년 7월 23일

복기 (Review)

- **이 케이스에서 잘한 것**

  - 비만 치료제 테마 흐름을 미리 파악하고 1순위 종목을 사전에 선정.

  - 저항돌파 패턴과 알람 기능을 결합해 타이밍을 포착.

- **이 케이스에서 보완할 것**

  - 포지션 크기 조절(물량 관리).

- **독자에게 전하는 교훈**

  - 저돌 매매는 사전 준비(종목 선정 + 저항선 설정 + 알람)가 전부다.

  - 장이 열리고 나서 찾으면 이미 늦다.

실전 사례 2
포스코엠텍 (2023. 3. 6)

2023년 3월, 2차전지 주도주 장세에서 포스코엠텍을 주목했습니다. 리튬 관련 재료가 유효한 가운데, 미리 그어둔 일봉 저항선을 9시 45분에 돌파하는 것을 확인하고 전략적인 진입을 결정했습니다.

■ 포스코엠텍 일봉 차트

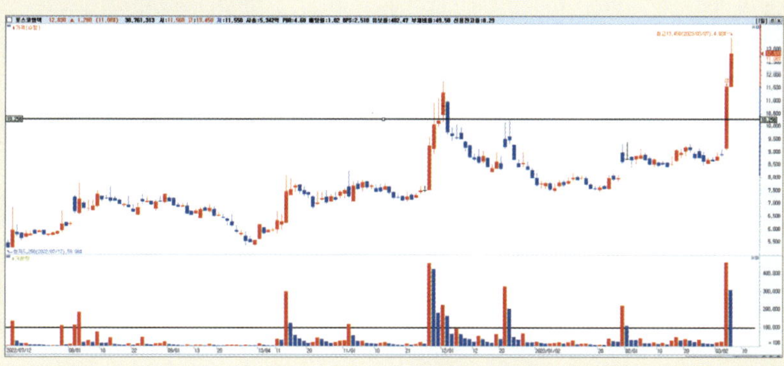

출처 : 삼성증권 HTS 2023년 3월 6일

2023년 3월 6일 트레이닝 캠프 메시지

출처 : 삼성증권 HTS 2023년 3월 6일

2차전지 관련주들이 시장을 주도하고 있어서 계속 지켜보고 있었습니다. 재료 가능과 일봉 차트에 저항선을 그어놓은 상태였습니다. 9시 45분에 저항돌파 시도를 확인했습니다. 그리고 포스코엠텍은 상한가로 마감했습니다.

복기 (Review)

• 이 케이스에서 잘한 것

  - 2차전지 테마 주도 상황에서 핵심 종목을 미리 관심종목에 등록.

  - 일봉 저항선을 사전에 그어두고 알람 설정 → 타이밍 포착.

• 독자에게 전하는 교훈

  - 저돌은 당일 찾는 게 아니다. 전날 준비한 종목에서 나온다.

2차전지 관련주들이 시장을 주도하고 있어서 계속 지켜보고 있었습니다. 포스코엠텍은 포스코그룹의 2차전지 소재 관련 종목으로, 테마의 핵심 라인업 중 하나였습니다. 전날 일봉 차트에서 저항선을 확인하고 그어둔 뒤, 해당 가격대에 알람을 설정해놓은 상태였습니다.

장이 열리고 나서 바로 뛰어든 것이 아닙니다. 9시 45분경, 거래량이 실리면서 저항선 돌파 시도가 나오는 것을 확인했습니다. 이 구간이 중요합니다. 단순히 가격이 올랐다고 진입한 것이 아니라, 사전에 그어둔 저항선을 거래량과 함께 돌파하는 흐름을 확인한 뒤 대응한 것입니다.

결과적으로 포스코엠텍은 상한가로 마감했습니다. 이 매매의 핵심은 '당일의 판단'이 아니라 '전날의 준비'에 있었습니다. 테마를 추적하고, 종목을 선별하고, 저항선을 그어두고, 알람까지 걸어놓는 과정이 있었기에 타이밍을 잡을 수 있었습니다.

실전 사례 3
파워넷 (2022. 1. 13)

저돌은 핵심 매매법이니 예시를 한 개 더 보겠습니다. 파워넷입니다.

2022/01/13	10:26	[특징주] 파워넷, LG엔솔 '1경' 흥행에 LFP 배터리 기술 부각 강세
2022/01/13	10:23	파워넷, +8.24% 상승폭 확대

파워넷은 거래량이 터진 장대양봉이 뜨고 나서 단타 관심종목에 넣어두었습니다. 그런데 시세를 주지 않고 계속 횡보를 했습니다.

■ 파워넷 일봉 차트

출처 : 삼성증권 HTS 2022년 1월 13일

이후에 상승을 주는 것을 보면서 지지/저항선을 그었습니다. 그리고 저항선을 돌파할 때 스마트폰 알람이 울릴 수 있게 알람 설정을 해두었습니다.

그리고 저항돌파를 하는 알람이 떴습니다. (물론 나는 매매는 못했습니다.)

알람이 왔지만 당시 업무 중이라 눈치채지 못했습니다.

"그럼 자동매수를 쓰면 되지 않나요?"

자동매수가 스윙투자에서는 유용합니다. 스윙은 며칠에서 몇 주를 보유하기 때문에 진입 이후 실시간으로 차트를 볼 필요가 없습니다. 자동으로 들어가도 관리가 됩니다.

하지만 단타는 다릅니다. 매수 후에도 계속 차트를 봐야 합니다. 호가창을 확인하고, 분위기를 읽고, 타이밍에 익절·손절해야 합니다. 내가 없는 상태에서 자동으로 들어간 매매는 관리할 수 없습니다. 단타에서 자동매수는 무기가 아닙니다.

그래서 저는 이렇게 생각합니다.

내가 볼 수 없는 상황이면, 그날은 매매하지 않는 겁니다.

억지로 들어간 매매가 본업을 방해합니다. 수익은커녕 마음만 흔들립니다. 저는 이것을 '투라벨이 깨진다'고 표현합니다. 투자와 라이프의 밸런스입니다.

알람 기능은 '저항선을 뚫는 순간을 놓치지 않기 위한 준비 도구'로 사용합니다. 그리고 알람이 울렸을 때 내가 볼 수 있는 상황이면 진입합니다. 볼 수 없으면 그냥 넘깁니다. 다음 기회는 반드시 또 옵니다.

<h1 style="text-align:center">복기 (Review)</h1>

• 이 케이스가 주는 교훈

- 저돌 매매는 알람→진입까지 10초 안에 움직일 수 있는 환경이 필요하다.

- 준비(저항선 설정+알람)를 해도 실시간 대응이 어렵다면 매매하지 말자. 매매가 본업을 방해하고 투자와 라이프 밸런스가 깨진다.

저항돌파 타이밍을 잡는 것이 어렵다면 보조도구를 활용할 수 있습니다.

다음 내용에서 보조도구 중 하나인 디마크^{Demark} 지표에 대해 다뤄보겠습니다.

3
막시무스
_디마크 활용법

디마크는 토마스 디마크**Thomas DeMark**가 개발한 지표입니다. 저는 이것을 편의상 막시무스라고 부릅니다. (막시무스는 영화 '글레디에이터' 의 남자주인공 이름입니다.)

막시무스는 일봉 저항선을 판단하는 도구가 아닙니다. 저항선은 이미 앞에서 일봉으로 그어뒀습니다.

막시무스는 분봉에서 '지금 이 종목이 올라갈 힘이 있는가'를 확인하는 보조지표입니다. '아! 너 오늘 올라갈 거야?'를 분봉으로 확인하는 것입니다.

종목 선정의 우선순위는 '거래량/거래대금 + 재료의 세기 + 일봉/분봉 차트'입니다.

❶ 디마크 보조지표 세팅부터 먼저 하겠습니다.

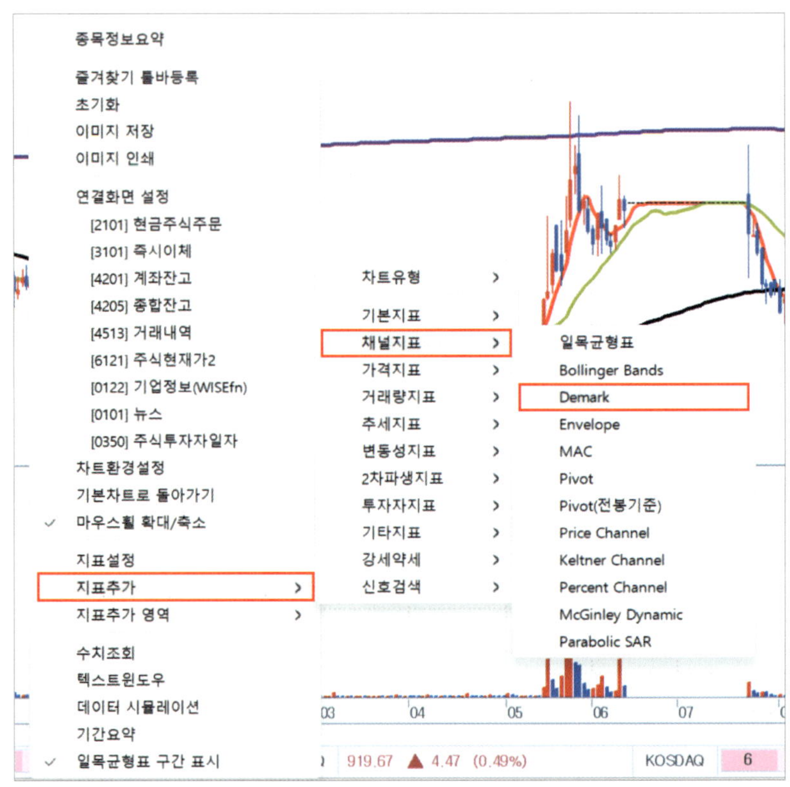

디마크는 증권사마다 표현이 다르기 때문에 세팅하다가 짜증이 유발될 수 있습니다. 심지어 증권사마다 MTS는 안 되고 HTS만 되는 것도 있습니다. 반대의 경우도 존재합니다. 찾기 어려우면 증권사 고객센터에 전화해서 '디마크 지표 설정 방법'을 물어보는 것이 가장 빠릅니다.

또는, 증권사 공식 유튜브·고객센터 매뉴얼에서 차트 지표 설정 방법을 검색해보세요.

디마크를 찾았다면 High만 남겨 놓고, Low는 체크 해제하면서 삭제합니다. (high = 저항 = 고가, Low = 지지 = 저가)

저돌 매매는 저항선을 뚫고 오르는 타이밍을 노리는 전략입니다.

디마크의 High선(저항선)만 남기는 이유가 바로 이것입니다.

Low선(지지선)은 눌림목 매매(저돌이 아닌지지 매매)에서 활용합니다.

지금은 저돌에 집중하므로 High선만 필요합니다.

❷ 디마크는 5분봉을 활용합니다.

5분봉 캔들이 완성될 때 디마크선을 지켜주거나 그 위에서 캔들이 움직이고 있는 종목을 눈여겨봅니다.

❸ 그리고 1분봉/3분봉으로 전환한 후에 앞서 배웠던 눌림목 타점(지지/저항, 변비타점)이 보이면 매매를 진행합니다.

시가,
전고점의 의미

9시 정규장 시작 가격을 '시가'라고 합니다. 시가는 단타에서 강력한 지지/저항으로 작용하기 때문에 매매하는 종목의 시가는 파악해야 합니다. 자동으로 시간선이 설정되는 기능을 활용하면 좋습니다.

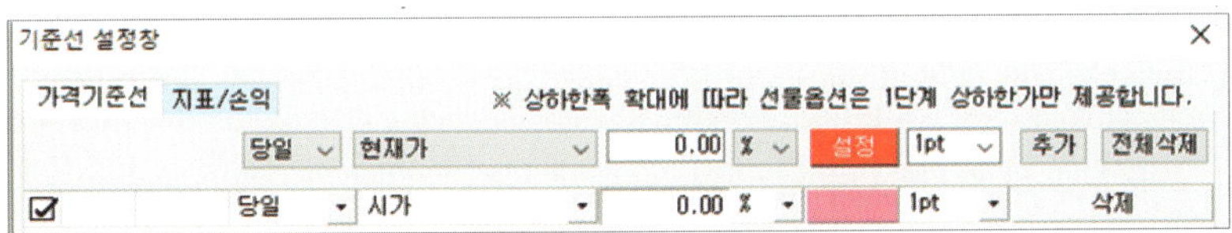

시가 근처 위에서 움직이던 종목이 시가를 깨려고 하면 손절 대응 준비를 합니다. 시가 근처 아래에서 움직이던 종목이 시가를 돌파하려고 하면 매수 준비를 합니다.

전고점이란 가장 최근에 주가가 고점을 찍었던 가격대입니다.

한 번 팔렸던 가격대라서 다시 그 근처에 오면 매도세가 나오는 경우가 많습니다. 그래서 강력한 저항선으로 작용합니다.

전고점을 돌파하면 그 저항이 지지로 바뀌면서 더 강한 상승이 나오는 경우가 많습니다. 이것이 저돌 매매의 핵심 논리입니다.

참고로 전고점을 완전히 넘어서 새로운 최고점을 만드는 것은 '신고가'라고 합니다.

전고점 근처에서 매매할 때 가장 중요한 것은 '돌파 여부를 미리 예측하지 않는 것'입니다. 전고점에 도달했다고 무조건 뚫는 것도 아니고, 무조건 눌리는 것도 아닙니다. 확인하고 대응하는 것이 핵심입니다. 실전에서는 이렇게 접근합니다. 전고점 부근까지 주가가 올라오면 일단 지켜봅니다. 이때 거래량이 터지면서 전고점을 뚫는지, 아니면 거래량 없이 맞고 내려오는지를 확인합니다. 거래량을 동반한 돌파가 나오면 매수 타이밍이고, 거래량 없이 찔끔 닿다가 빠지면 저항에 막힌 것이므로 진입하지 않습니다.

한 가지 더 주의할 점이 있습니다. 전고점 돌파 직후 바로 되밀리는 경우입니다. 이것을 '속임수 돌파'라고 부릅니다. 윗꼬리를 길게 달면서 다시 전고점 아래로 내려오면, 그것은 진짜 돌파가 아닙니다. 그래서 돌파 후에도 전고점 위에서 가격이 지지되는지를 반드시 확인해야 합니다.

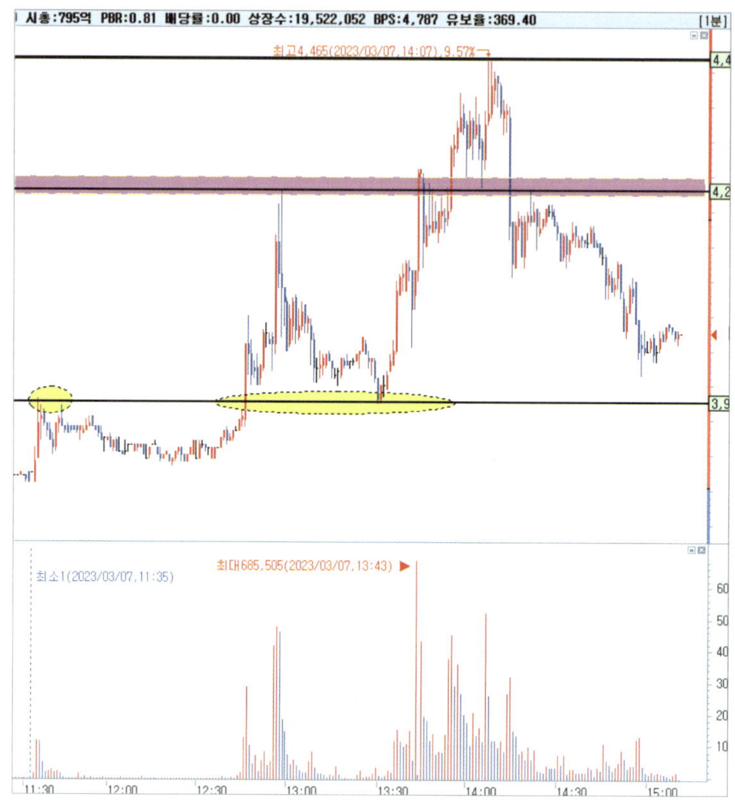

분돌은 '분봉상 고점 돌파'의 약자입니다. 당일 분봉상 고점을 돌파할 경우 진입을 시도하는 매매법입니다. 분돌의 경우 당일 재료 (주도 섹터)가 세다는 것을 확인한 후에 진입을 합니다. 분돌의 경우 저돌과 타점이 비슷한 경우가 많습니다.

(일봉상의 저항 = 당일 분봉상의 저항) 분돌은 저돌과 같은 개념으로 봐도 무방합니다. 저돌의 하위 개념입니다. (시야가 좀 더 좁습니다.)

호가창 보는 법

　호가는 주식시장에서 해당 종목의 매수나 매도 거래를 하기 위해 제시된 가격을 말합니다. 매수 호가와 매도 호가가 일치할 경우 현재가가 결정됩니다.

　사는 사람과 파는 사람이 뜻이 맞아야 거래가 됩니다. 단타 매매를 할 경우에는 호가창을 확인합니다. 호가창을 보면 실시간으로 거래가 이루어진 것을 볼 수 있습니다.

　경매시장을 생각하면 됩니다. 매수 잔량과 매도 잔량을 확인하여 거래 심리를 파악할 수 있습니다.

매도 호가(잔량)가 매수 호가(잔량)보다 많을 때 주가가 더 잘 올라갑니다.

매도 잔량이 많으면 주가가 내려갈 수도 있다고 착각을 할 수 있는데 반대로 작용합니다. 쉽게 생각하면 이렇습니다. 큰 자금을 가진 투자자가 이 종목을 대량으로 사고 싶다면, 팔려는 물량(매도 잔량)을 한 번에 다 받아서 사버립니다. 이 과정에서 주가가 확 오릅니다.

매도 잔량이 많다=살 물량이 많다=큰 자금이 들어올 여지가 있다

이런 신호가 될 수 있습니다.

단, 이것은 절대적인 기준이 아닙니다. 참고 지표 중 하나로 활용하세요.

매도 잔량이 높다고 해서 무조건 오른다라고 하기보다 매매를 하는 데에 있어서 고려해야 할 사항이라고 생각하는 게 좋습니다.

5장

전투 마무리
익절 / 손절

4장에서 언제, 어디서 살지를 배웠습니다.
이제는 매수 이후의 이야기입니다.
언제 팔 것인가. 결국 팔아야지 결과가 나옵니다.
익절과 손절 - 이것이 전투의 마무리입니다.

익절

매수는 기술이고 매도는 예술이라는 말이 있습니다.

매수는 연습을 하면 곧잘 하지만 매도를 많이 어려워합니다. 그 이유는 돈 그릇과 욕망의 괴리 때문입니다.

돈 그릇이란 내가 돈을 품을 수 있는 최대 용량입니다. 연봉, 소득원의 개수, 보유 자산, 주택 여부, 증여·상속, 투자 성공 경험 등이 쌓여서 만들어집니다. 사람마다 다르고 시간이 지나면서 커집니다.

문제는 욕망입니다. 욕망은 항상 돈 그릇보다 큽니다.

주식 수익이 내 돈 그릇을 초과하는 순간 손이 굳습니다. '조금만 더'라는 생각이 납니다. 그게 매도를 못 하게 만드는 이유입니다.

결국, 매도는 기술이 아니라 자기 돈 그릇을 아는 것에서 시작합니다. 수익은 '그릇'만큼 챙기면 됩니다.

매도 1. 123 매도법

123 매도법은 '줄챙'입니다. 줄 때 챙긴다는 마인드로 기계식 분할 매도 방식입니다. 1% 땡큐, 2% 감사, 3% 아멘을 외치면서 수익을 거두면 됩니다. 적금 1% 시대에 하루 1%는 땡큐입니다. 단타 매매를 처음 하는 입문자에게는 123 매도법으로 수익 챙기는 연습을 하는 것을 권장합니다.

매도 2. 4턴 4꺾

4턴 4꺾이란 4일선(단기 이동평균선)을 기준으로 턴하고 꺾이면 매도한다는 뜻입니다.

4일선 위에서 움직이던 캔들이 4일선 아래로 떨어지는 순간을 신호로 봅니다.

상승 추세가 꺾였다는 가장 빠른 신호입니다.

매수한 종목이 시세를 주면 쭉 끌고 가다가 단기 이평선(4일선)의 추세를 벗어나면 올 매도합니다. 상승하는 종목은 캔들이 4일선 위에서 움직입니다. 4일선 밑으로 떨어지면 매도합니다. 이때는 빨리 팔아야 하기 때문에 '시장가' 매도를 활용합니다.

주식의 고점/저점은 지나고 나야 알 수 있습니다. 떨어지니까 '아, 저기가 고점이었구나' 하는 것입니다. (그래서 바닥을 잡는 건 거짓말입니다. 바닥도 지나고 나야 볼 수 있는 것입니다. 바닥을 맞춘 건 우연인 것입니다.)

왼쪽 무릎에 사서 오른쪽 어깨에 파는 매도 스킬이 4턴 4꺾입니다.

매도3. 반반이 스킬

앞서 매수타점 설명에서 잠깐 소개한 반반이 스킬을 익절 전략으로 본격 활용합니다.

일봉/분봉상 저항점에서 물량 절반을 팔고,

나머지 절반은 4일선을 이탈할 때까지 계속 보유합니다.

절반은 확정, 절반은 기회-이것이 반반이 스킬의 핵심입니다.

계속 오르는 것을 지켜보다 4일선을 이탈하면 모든 물량을 정리합니다.

반반이 스킬은 '저항'점을 찾아내고(선 긋기) 견뎌야 합니다. 저항점까지 못 견딘다고 자책할 필요는 없습니다. 우리의 그릇을 인정하고 수익을 챙기면 됩니다. 종목을 잘 잡아 놓고선 손실로 마감하는 게 최악입니다.

HTS/MTS에서 저항선 긋는 방법

① 차트 화면에서 '라인 그리기' 또는 '추세선' 메뉴를 선택합니다.

② 과거 고점 두 개를 연결하면 저항선이 됩니다.

③ 과거 저점 두 개를 연결하면 지지선이 됩니다.

증권사마다 메뉴 위치가 다르지만 차트 상단 아이콘 중 선 모양을 찾으면 됩니다.

처음에는 일봉 차트에서 가장 최근 고점 하나만 찾아서 선을 긋는 것부터 연습하세요.

변비타점 매수 → 4턴 4꺽 매도 / Best Case!

이와 같은 매매를 하기 위해 공부합니다.

실전 사례 1
두산중공업
(매매일자 2022. 2. 28, 작성일자 2022. 3. 10)

■ **두산중공업**

6년이 넘은 스마트폰으로 매매를 하면 배터리가 빨리 소모되는데, 이것이 1시간 단타 매매 시 고농도 몰입과 강제성을 주고 있습니다. 장인은 도구 탓을 하지 않습니다!

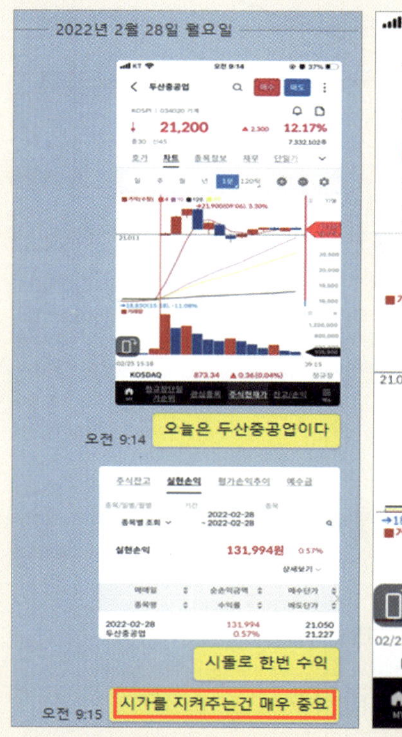

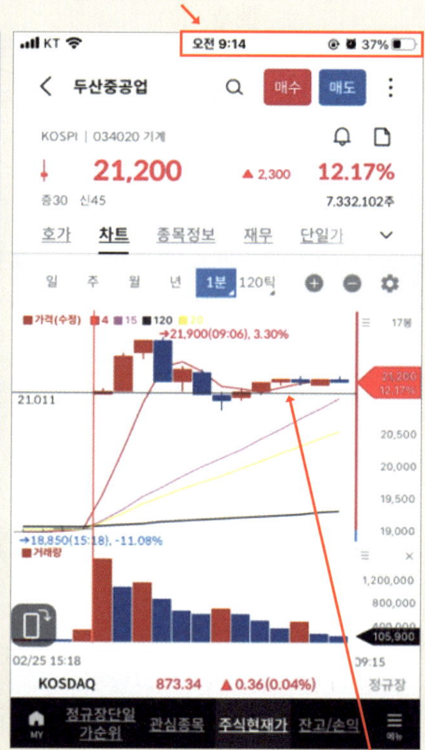

시가가 10% 이상 띄운 종목들은 단타 매매 대상에서 후순위로 밀려납니다. 그럼에도 불구하고 선택한 이유는
1) 시가를 지켜주었고
2) 무엇보다 재료가 강력했습니다.

2월 28일 시가 21,000원 11.1%의 갭을 띄우고 시작

다음에 나오는 카카오톡 대화창은 누군가에게 보낸 메시지가 아닙니다. '나에게 보내기' 기능으로 저 자신에게 기록한 것입니다. 매매 중 생각과 판단을 실시간으로 남겨두는 저만의 매매 일지입니다.

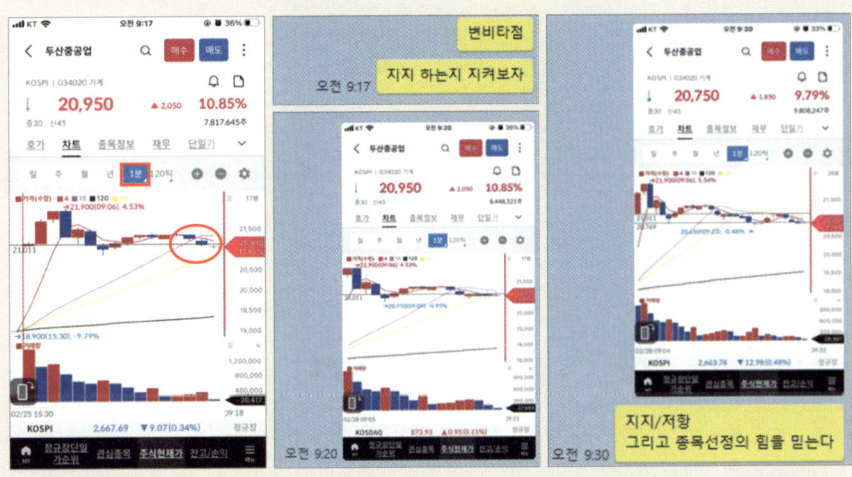

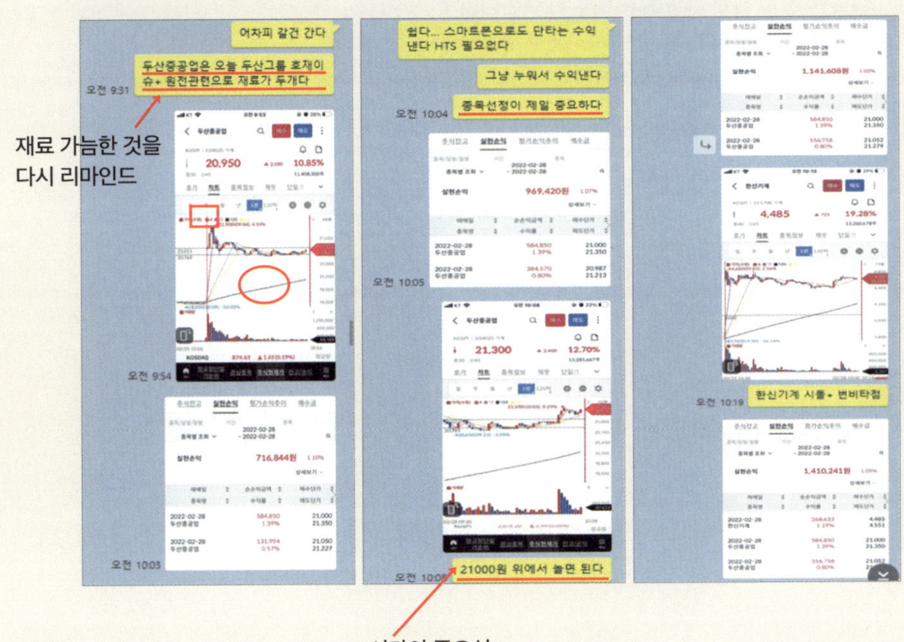

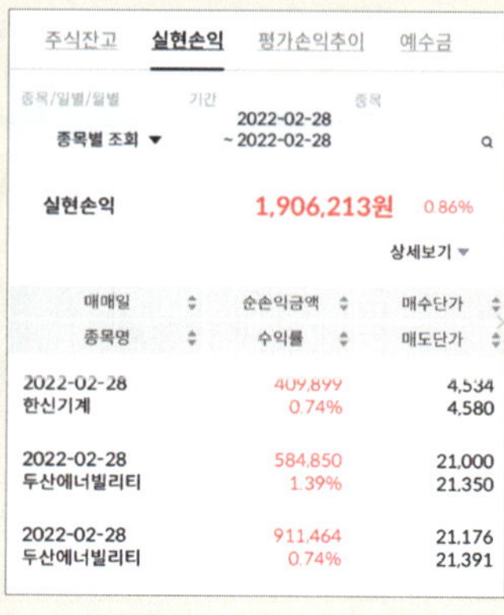

주식잔고	**실현손익**	평가손익추이	예수금

종목/일별/일별	기간 2022-02-28 ~ 2022-02-28	종목
종목별 조회 ▼		Q

실현손익	**1,906,213원**	0.86%

상세보기 ▼

매매일	순손익금액	매수단가
종목명	수익률	매도단가
2022-02-28	409,899	4,534
한신기계	0.74%	4,580
2022-02-28	584,850	21,000
두산에너빌리티	1.39%	21,350
2022-02-28	911,464	21,176
두산에너빌리티	0.74%	21,391

매매내역

다음은 이날 실제 분할매수·매도 내역입니다.
같은 종목을 여러 번에 나눠 사고판 기록입니다.
단타 매매는 이처럼 하나의 종목을 여러 차례 사고팔면서 수익을 쌓아갑니다.

1차 매수내역(분할매수)

종목명		주문수량	주문단가	체결수량	체결평균가	체결금액	주문시각
두산중공업	기	100	21,000	100	21,000	2,100,000	09:15:41
두산중공업	기	100	21,050	100	21,050	2,105,000	09:16:11
두산중공업	기	300	21,000	300	21,000	6,300,000	09:18:39
두산중공업	기	100	20,950	100	20,950	2,095,000	09:19:30
두산중공업	기	100	20,900	100	20,900	2,090,000	09:19:34
두산중공업	기	487	20,850	487	20,850	10,153,950	09:19:43

1차 매수 수량 : 1,187주

1차 매도내역(분할매도)

종목명		주문수량	주문단가	체결수량	체결평균가	체결금액	주문시각
두산중공업	시	600	21,250	600	21,250	12,750,000	09:12:28
두산중공업	시	500	21,200	500	21,200	10,600,000	09:13:03

1차 매도 수량 : 1,100주

주식 단타 특공대

2차 매수내역(분할매수)

종목명		주문수량	주문단가	체결수량	체결평균가		체결금액	주문시각
두산중공업		100	21,050	100	21,050		2,105,000	09:09:40
두산중공업		1,000	21,050	1,000	21,050		21,050,000	09:09:58
두산중공업		2,000	21,000	2,000	21,000		42,000,000	09:10:31

2차 매수 수량 : 3,100주

2차 매도내역(분할매도) - 전량매도

종목명		주문수량	주문단가	체결수량	체결평균가		체결금액	주문시각
두산중공업		2,000	21,350	2,000	21,350		42,700,000	10:03:16
두산중공업		1,187	21,200	1,187	21,200		25,164,400	10:04:34

2차 매도 수량 : 3,187주

3차 매수내역

종목명		주문수량	주문단가	체결수량	체결평균가		체결금액	주문시각
두산중공업		1,000	21,200	1,000	21,200		21,200,000	10:07:59

3자 매수 수량 : 1,000수

3차 매도내역(분할매도) - 전량매도

종목명		주문수량	주문단가	체결수량	체결평균가		체결금액	주문시각
두산중공업		200	21,400	200	21,400		4,280,000	10:09:02
두산중공업		200	21,450	200	21,450		4,290,000	10:09:14
두산중공업		200	21,400	200	21,450		4,290,000	10:09:36
두산중공업		200	21,400	200	21,400		4,280,000	10:09:22
두산중공업		200	21,450	200	21,450		4,290,000	10:09:25

3차 매도 수량 : 1,000주

4차 매수내역(분할매수)

종목명		주문수량	주문단가	체결수량	체결평균가		체결금액	주문시각
두산중공업		500	21,400	500	21,400		10,700,000	10:11:21
두산중공업		1,000	21,350	1,000	21,350		21,350,000	10:21:20

4차 매수 수량 : 1,500주

4차 매도내역 - 전량매도

종목명		주문수량	주문단가	체결수량	체결평균가		체결금액	주문시각
두산중공업		1,500	21,550	1,500	21,550		32,325,000	11:11:22

4차 매도 수량 : 1,500주

5차 매수내역

두산중공업	1,000	21,300	**1,000**	**21,300**		21,300,000	10:56:10

5차 매수 수량 : 1,000주

5차 매도내역(**분할매도**) - 전량매도

두산중공업	500	21,500	**500**	**21,500**		10,750,000	11:02:31
두산중공업	500	21,550	**500**	**21,550**		10,775,000	11:02:55

5차 매도 수량 : 1,000주

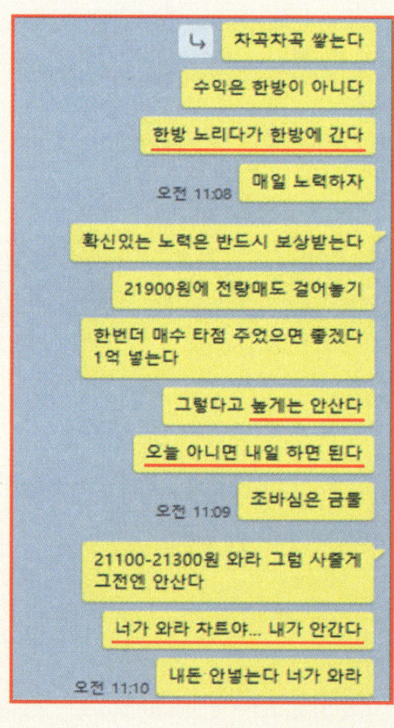

5번 매매로
190만원 수익실현

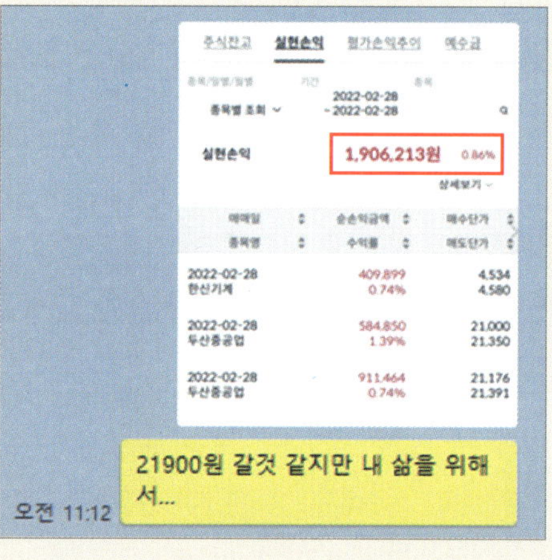

기준(투자 매뉴얼)을 배우는 것은 쉽다. 그러나 기준을 지키는 것이 어려운 일이다. 그래서 반복된 훈련을 통해서 체득화가 필요하다.

종가베팅 매수내역

종목명		주문수량	주문단가	체결수량	체결평균가		체결금액	주문시각
두산중공업		500	21,500	500	21,500		10,750,000	11:19:34
두산중공업		1,000	21,400	1,000	21,400		21,400,000	11:19:45
두산중공업		1,000	21,300	1,000	21,300		21,300,000	11:19:50
두산중공업		711	21,200	711	21,200		15,073,200	12:50:48

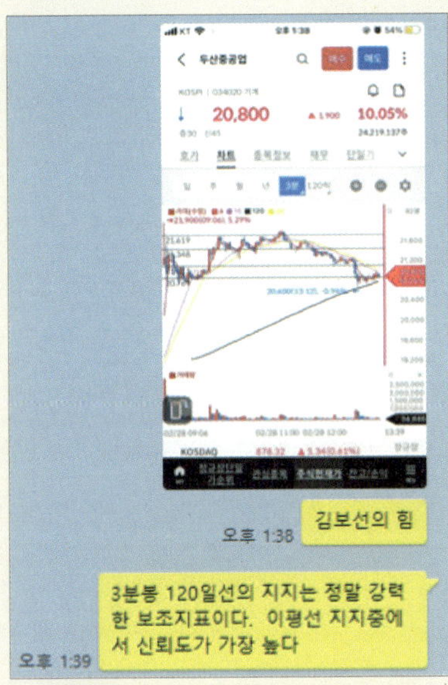

3월 2일 매도 수익실현

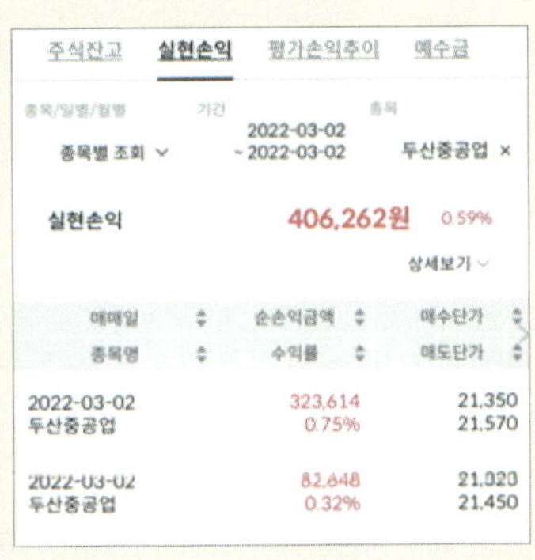

종가베팅

해당 내용은 추가 보충내용으로 참고만 하시기 바랍니다.
종가베팅은 일봉 차트+김보선★을 활용해서 매매하고 있다는 점만 말씀드립니다.
김보선을 지켜주는 걸 확인하고 '종가베팅'에 돌입하였습니다.

> **POINT** ———
>
> **김보선**
>
> 3분봉 120일선으로 추세를 확인할 수 있다. (이후 나오는 '손절의 기술'에서 확인)

복기 (Review)

- **이 케이스에서 잘한 것**

  - 시가 10% 이상에도 시가지지+강한 재료를 확인하고 예외 진입 판단

  - 1차~5차 분할매수/매도로 리스크를 분산하면서 수익 극대화

- **이 케이스에서 아쉬운 것**

  - 특정 차수에서 더 일찍/늦게 팔았으면 좋았을 것

- **독자에게 전하는 교훈**

  - 단타 매매는 한 번에 전량 매수/매도가 아니다.

  - 분할이 리스크를 줄이고 심리를 안정시킨다.

실전 사례 2
한국선재
(매매일자 2022. 3. 10, 작성일자 2022. 3. 15)

■ 한국선재

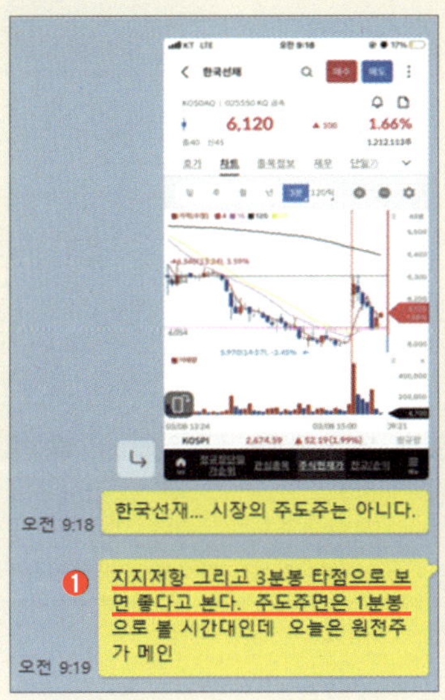

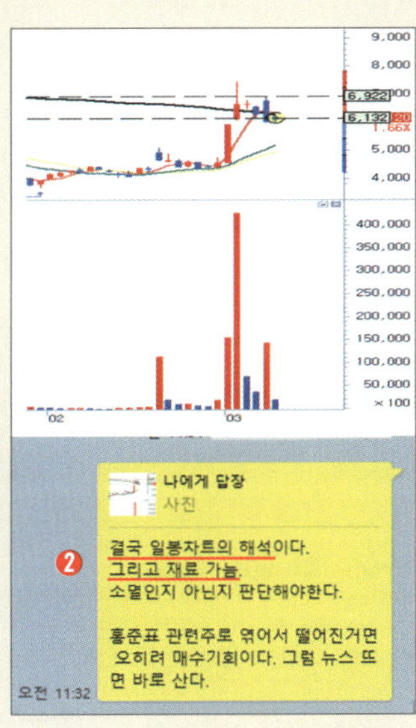

❸
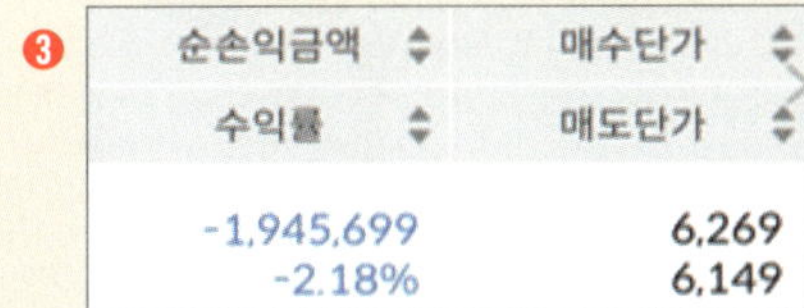

순손익금액	매수단가
수익률	매도단가
-1,945,699	6,269
-2.18%	6,149

손익금액	
거래비용	
-1,708,240	
237,459	

❶ 시장에 주도주가 아닐 때는 1분봉보다는 3분봉으로 봅니다. 그러나 이것도 정해진 매뉴얼은 없습니다. 1분봉과 3분봉을 왔다갔다하는 게 좋습니다. 우리 매뉴얼은 3분봉입니다. 초보자와 입문자는 3분봉으로 보면 됩니다.

 결국 스윙은 어디서든 배워야 합니다.

 화면 보호기를 해제하려고 마우스 클릭하다가 매도되었습니다.

진짜… 거래비용만 20만원… 반성하자. 누굴 탓하랴!

이 경험에서 얻은 실천 원칙 2가지

1. 매매 중에는 화면 보호기(절전 모드)가 켜지지 않도록 PC/노트북 설정을 바꿔두세요. (설정→전원 및 절전→화면 꺼짐 시간을 길게 조정)
2. 마우스를 조심스럽게 움직이거나, 키보드 클릭이 주문으로 이어지지 않도록 HTS/MTS에서 주문 전 확인창이 뜨도록 설정하세요.

사소한 실수가 20만원 손실로 이어집니다. 환경 세팅도 매매 준비의 일부입니다.

■ 한국선재 매매 흐름 예

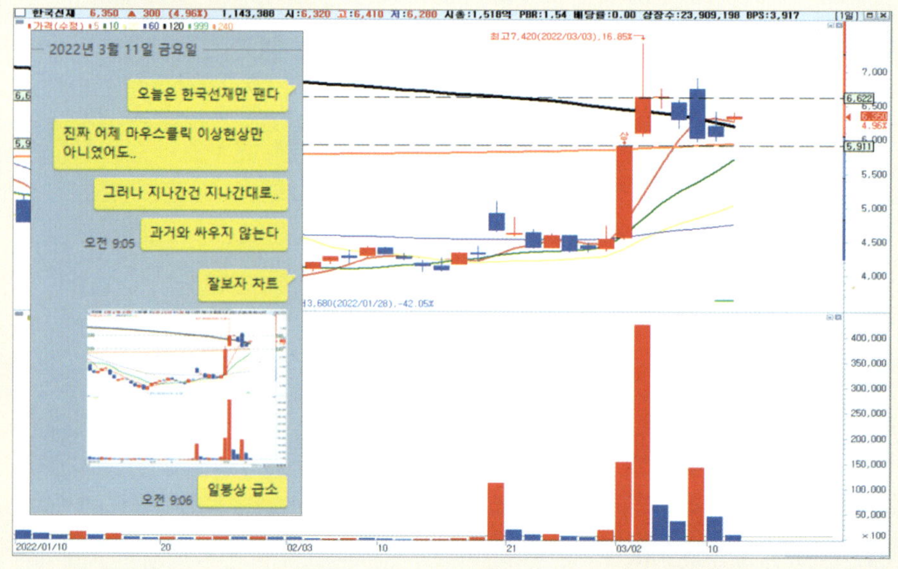

주식 단타 특공대

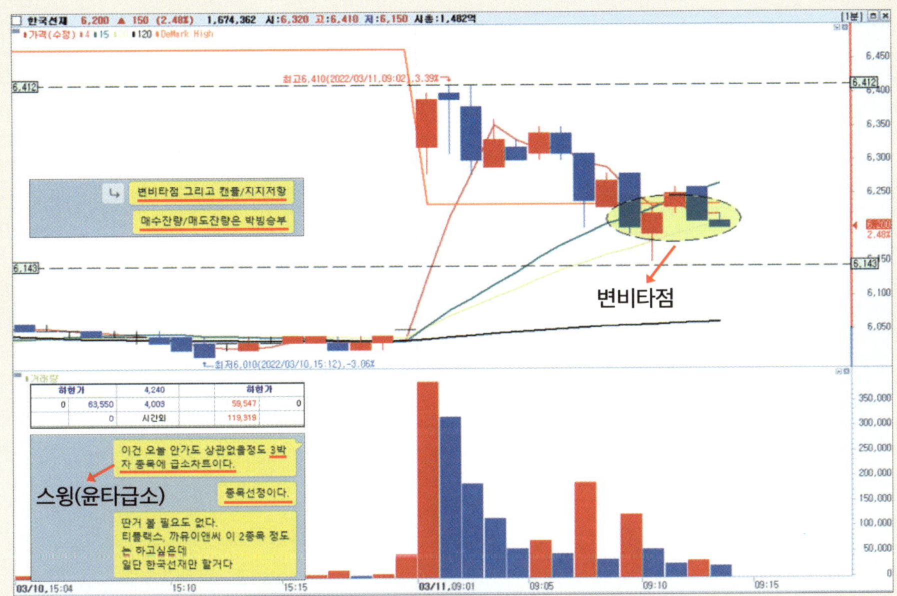

한국선재 6,200 ▲ 150 (2.48%) 1,674,362 시:6,320 고:6,410 저:6,150 시총:1,482억
가격(수정) 4 15 120 DeMark High
최고6,410(2022/03/11,09:02), 3.39%
변비타점 그리고 캔들/지지저항
매수잔량/매도잔량은 박빙승부
변비타점
최저6,010(2022/03/10,15:12), -3.06%
이건 오늘 안가도 상관없을정도 3박
자 종목에 급소차트이다.
종목선정이다.
스윙(윤타급소)
딴거 볼 필요도 없다.
티플렉스, 까뮤이앤씨 이 2종목 정도
는 하고싶은데
일단 한국선재만 할거다
03/10,15:04   15:10   15:15   03/11,09:01   09:05   09:10   09:15

한국선재 6,260 ▲ 210 (3.47%) 1,946,134 시:6,320 고:6,410 저:6,150 시총:1,496억
가격(수정) 4 15 120
최고6,410(2022/03/11,09:02), 2.40%
저항
캔들상 지지/저항 매우 중요하다
지지
최저6,010(2022/03/10,14:56), -3.99%
03/10,14:48   15:00   15:10   03/11,09:01   09:10   09:20   09:30

★ 오버나잇의 근거는
일봉상 급등(급소) 차트이기 때문입니다.

POINT

오버나잇(Overnight)

장이 끝난 후에도 종목을 팔지 않고 다음 날까지 보유하는 것을 말한다.

단타는 당일 청산이 원칙이지만, 재료가 살아 있고 차트 흐름이 좋을 때 예외적으로 활용한다.

단, 오버나잇은 밤 사이에 뉴스나 변수로 다음 날 갭 하락할 리스크가 있으므로 신중하게 판단해야 한다.

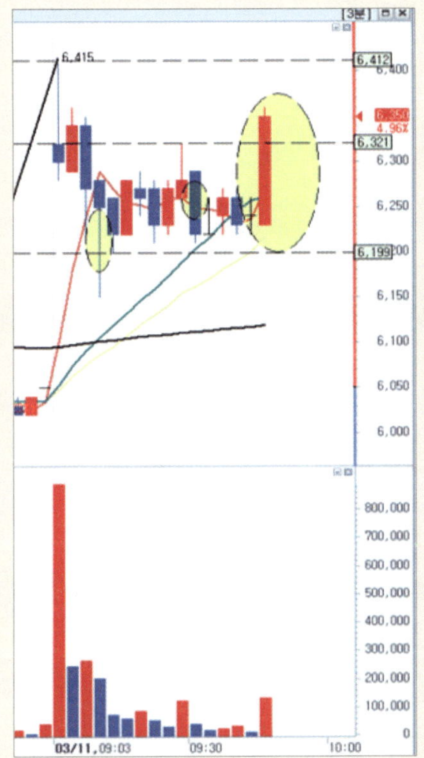

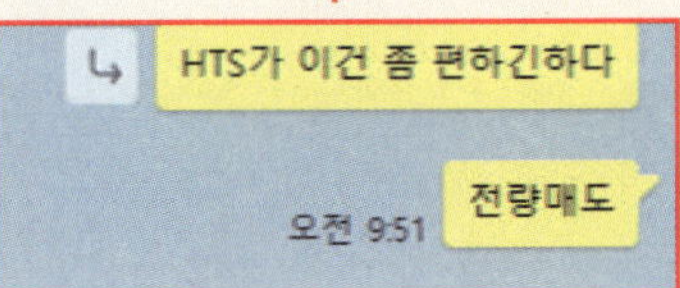

200(1)		15,701	6,450	2.74%
200(1)		16,175	6,440	2.58%
200(1)		9,112	6,430	2.42%
200(1)		17,481	6,420	2.26%
200(1)		19,809	6,410	2.10%
200(1)		27,998	6,400	1.94%
200(1)		10,381	6,390	1.78%
200(1)		11,084	6,380	1.62%

타자치는순간 폭발
종목선정이 제일중요하다.
아쉽지도 않다 수익인데
떨어지면 또 하면된다.
오전 9:53

일봉 차트　　　　　　　　　1분봉 차트

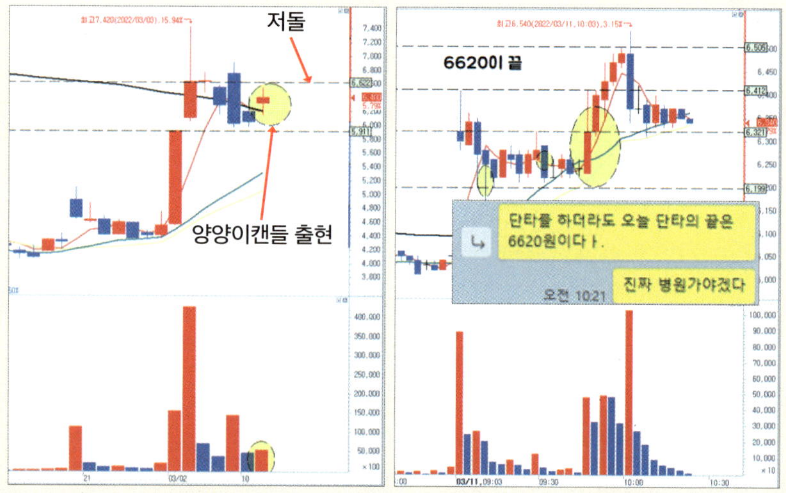

저돌
양양이캔들 출현
6620이 끝
단타를 하더라도 오늘 단타의 끝은
6620원이다ㅏ.
진짜 병원가야겠다
오전 10:21

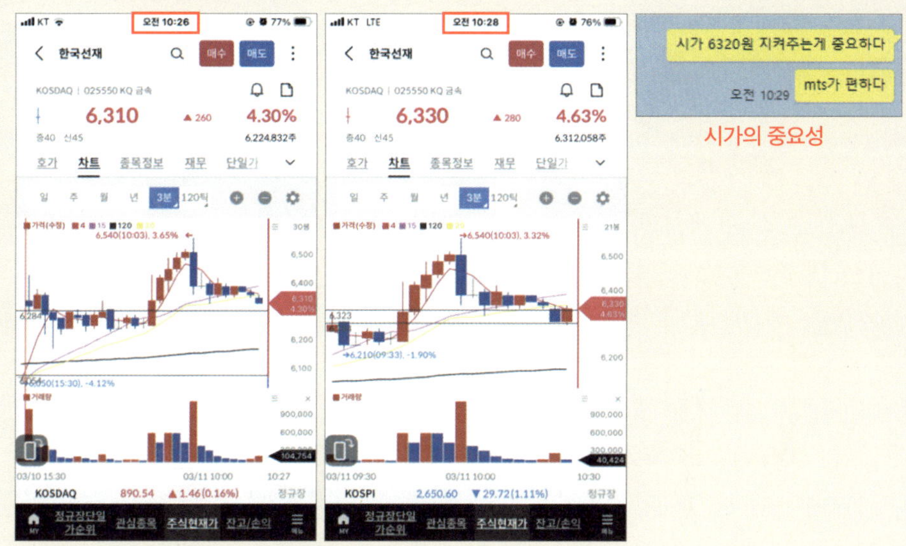

시가 6320원 지켜주는게 중요하다
오전 10:29 mts가 편하다

시가의 중요성

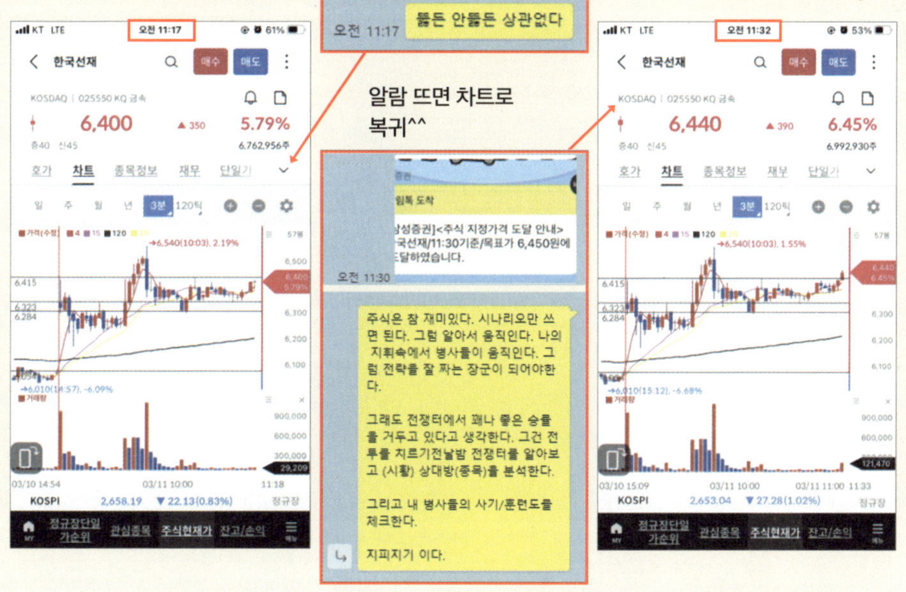

오전 11:17 툽든 안툽든 상관없다

알람 뜨면 차트로
복귀^^

임톡 도착
[삼성증권]<주식 지정가격 도달 안내>
한국선재/11:30기준/목표가 6,450원에
도달하였습니다.
오전 11:30

주식은 참 재미있다. 시나리오만 쓰
면 된다. 그럼 알아서 움직인다. 나의
지휘속에서 병사들이 움직인다. 그
럼 전략을 잘 짜는 장군이 되어야한
다.

그래도 전쟁터에서 꽤나 좋은 승률
을 거두고 있다고 생각한다. 그건 전
투를 치르기전날밤 전쟁터를 알아보
고 (시황) 상대방(종목)을 분석한다.

그리고 내 병사들의 사기/훈련도를
체크한다.

지피지기 이다.

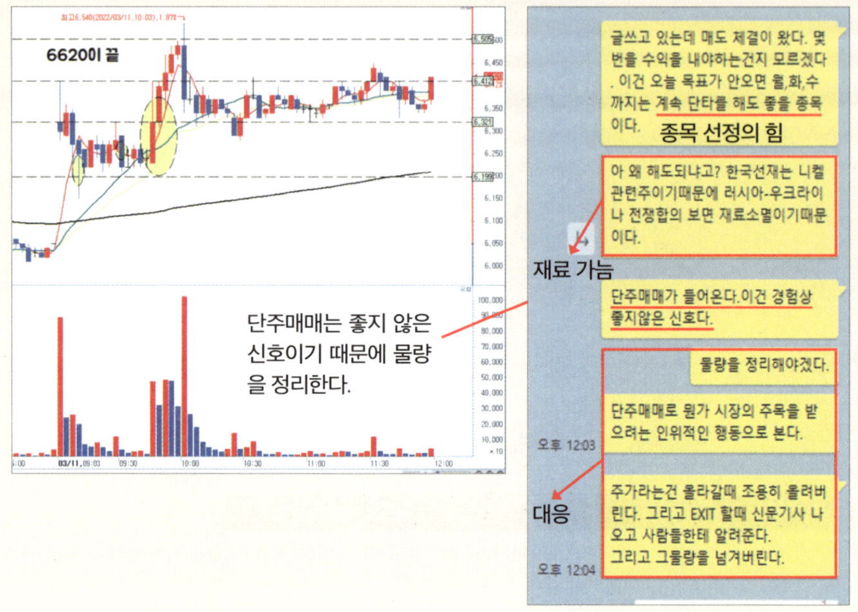
최고6,540(2022/03/11,10:03),1.97%
6620이 끝
글쓰고 있는데 매도 체결이 왔다. 몇 번을 수익을 내야하는건지 모르겠다. 이건 오늘 목표가 안오면 월,화,수 까지는 계속 단타를 해도 좋을 종목 이다.
종목 선정의 힘
아 왜 해도되냐고? 한국선재는 니켈 관련주이기때문에 러시아-우크라이나 전쟁합의 보면 재료소멸이기때문 이다.
재료 가능
단주매매가 들어온다.이건 경험상 좋지않은 신호다.
물량을 정리해야겠다.
단주매매로 뭔가 시장의 주목을 받 으려는 인위적인 행동으로 본다.
오후 12:03
대응
주가라는건 올라갈때 조용히 올려버 린다. 그리고 EXIT 할때 신문기사 나 오고 사람들한테 알려준다. 그리고 그물량을 넘겨버린다.
오후 12:04
단주매매는 좋지 않은 신호이기 때문에 물량 을 정리한다.

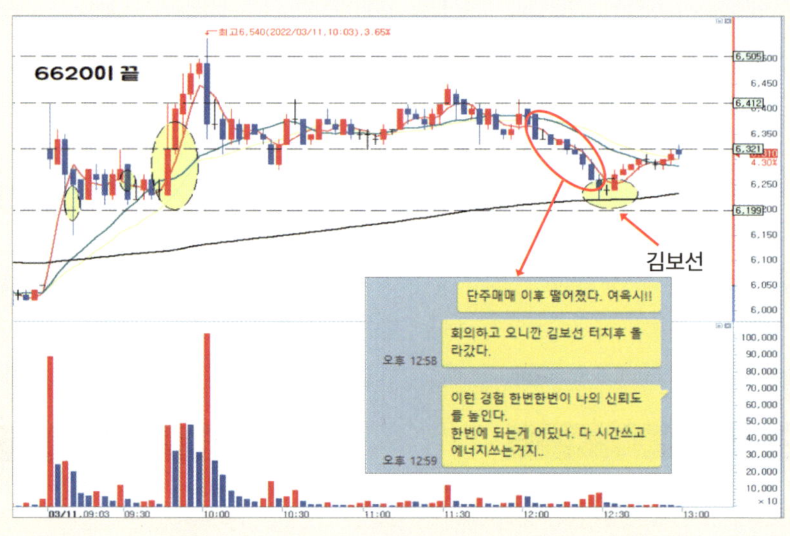
최고6,540(2022/03/11,10:03),3.65%
6620이 끝
김보선
단주매매 이후 떨어졌다. 여욱시!!
회의하고 오니깐 김보선 터치후 올 라갔다.
오후 12:58
이런 경험 한번한번이 나의 신뢰도 를 높인다.
한번에 되는게 어렵나. 다 시간쓰고 에너지쓰는거지..
오후 12:59

주식 단타 특공대

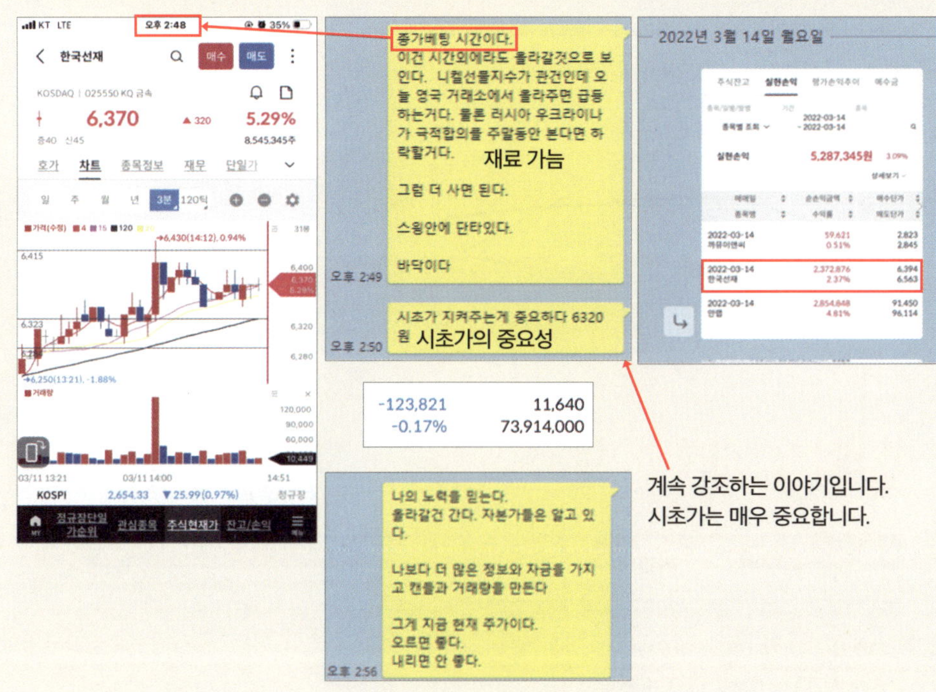

계속 강조하는 이야기입니다.
시초가는 매우 중요합니다.

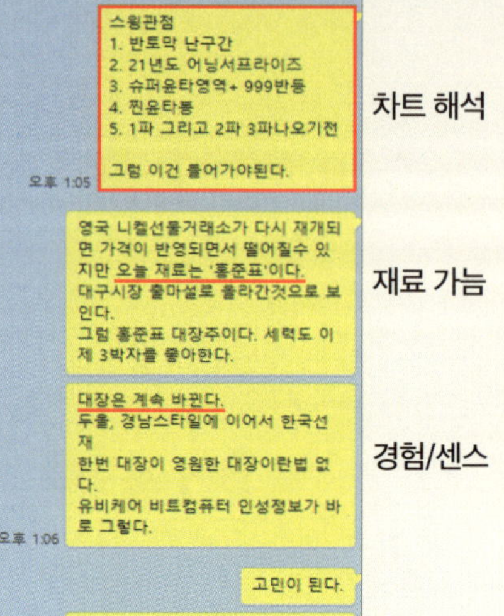

주식투자자일자 | 투자자당일추정 | 외국인추이 | 투자자상위 | 투자자동시매수 | 투자자연속매수 | 투자자매물대

한국선재 신45 층 ⦿전체 ○개인 ○ 외국인 ▼ ○기관 ○ 금융투자 ▼ ○프로그램 안내 조회

전체 선택 시 ⦿순매수 ○순매수누적 ○수량(주) ⦿금액(백만원) ☑ 수정주가

일자	주가	등락폭	등락률	거래량	개인	외국인	기관	프로그램	금융	보	투신	사모	은행	기타	연기	국가	기타법인	기타외
2022/03/14	6,990 ▲ 660	10.43%	27262578	0	-56	21	-2,021	0	0	21	0	0	0	0	0	14	
2022/03/11	6,330 ▲ 280	4.63%	9,071,212	343	43	-296	-332	-12	0	-28	0	0	0	0	0	-65	
2022/03/10	6,050 ▲ 30	0.50%	4,859,593	-459	94	306	330	0	0	291	14	0	0	0	0	31	
2022/03/08	6,020 ▼ 280	4.44%	14440698	1,198	-1,387	0	-1,487	0	0	0	0	0	0	0	0	249	
2022/03/07	6,300 ▼ 340	5.12%	3,876,159	161	121	-351	-240	0	0	-35	0	0	0	0	0	10	
2022/03/04	6,640 ▲ 10	0.15%	7,151,231	-384	226	96	292	0	0	96	0	0	0	0	0	85	
2022/03/03	6,630 ▲ 720	12.18%	42568050	98	73	118	287	0	0	127	0	0	0	-8	0	-391	
2022/03/02	5,910 ⬆ 1,360	29.89%	15572045	-149	36	59	28	-13	0	130	-65	0	0	7	0	80	
2022/02/28	4,550 ▲ 140	3.17%	2,081,412	-257	245	10	292	11	0	0	0	0	0	0	0	0	
2022/02/25	4,410 ▲ 45	1.03%	719,448	-415	400	0	372	0	0	0	0	0	0	0	0	8	
2022/02/24	4,365 ▼ 230	5.01%	950.331	374	-449	0	-445	0	0	0	0	0	0	0	0	84	
2022/02/23	4,595 ▲ 180	4.08%	1,285,717	-773	751	0	726	0	0	0	0	0	0	0	0	24	

한국선재 | 9,054 | 7,216 | -230,225 | -0.35%

한국선재 | 8,326 | 7,216 | -2,122,278 | -3.53%

주식 단타 특공대

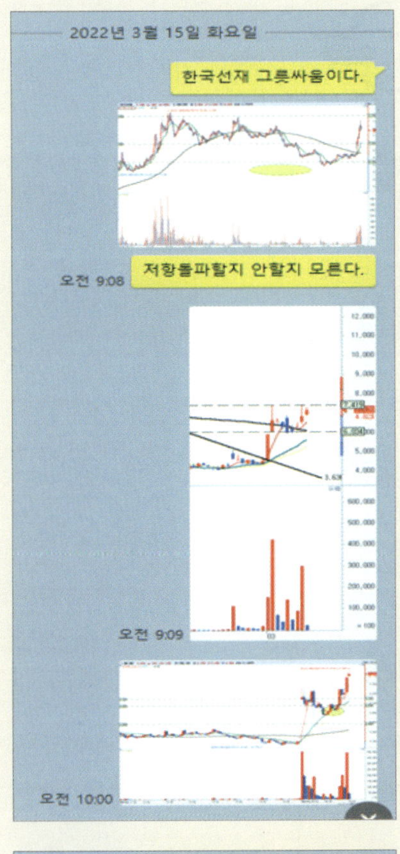

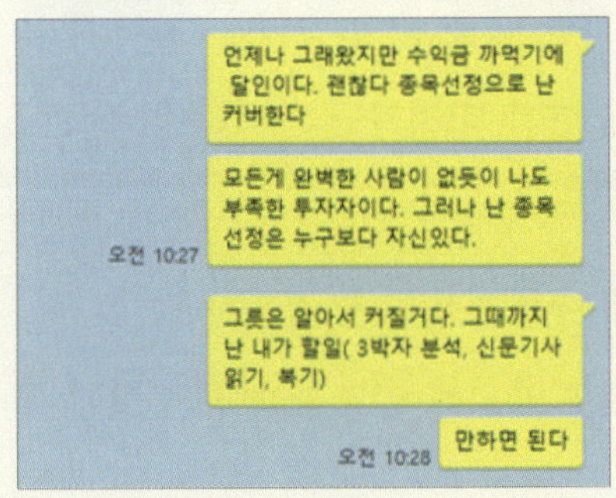

주식잔고	실현손익	평가손익추이	예수금

종목/일별/월별 · 기간 · 종목
종목별 조회 ∨ · 2022-03-15 ~ 2022-03-15

실현손익   **1,103,159원**   2.06%

상세보기 ∨

매매일	순손익금액	매수단가
종목명	수익률	매도단가
2022-03-15 한국선재	228,756 0.75%	7,139 7,212
2022-03-15 우원개발	52,510 1.04%	6,069 6,150
2022-03-15 SM C&C	821,893 4.59%	5,076 5,323

주식잔고	실현손익	평가손익추이	예수금

종목/일별/월별 · 기간 · 종목
종목별 조회 ∨ · 2022-03-08 ~ 2022-03-15 · 한국선재 ×

실현손익   **4,897,949원**   1.00%

상세보기 ∨

매매일	순손익금액	매수단가
종목명	수익률	매도단가
2022-03-10 한국선재	-1,916,116 -2.12%	6,267 6,152
2022-03-11 한국선재	3,916,353 1.75%	6,252 6,378
2022-03-14 한국선재	2,668,324 1.87%	6,625 6,767
2022-03-15 한국선재	632 10.00%	6,320 6,970
2022-03-15 한국선재	228,756 0.75%	7,139 7,212

5거래일 동안 결과

손절

손절이 필수인 이유

수익을 바라는 인간의 본성을 역행하는 것이 '손절' 행위입니다. 매매를 하다 보면 내가 원하는 결과만 나올 수 없습니다. 갑자기 음봉이 나오거나 시장 지수가 올라갔다가 내려가면 매매하던 종목이 같이 내려가기도 합니다.

머리로는 알겠는데 몸(손가락)이 따라주지 않는 경우가 많습니다. 그래서 손절 기준은 미리 머릿속으로 암기해 놓고 매매하는 것이 좋습니다.

물론 기준을 따르고 안 따르는 것은 본인 선택이지만, 초보/입문자는 이 기준을 따르는 것을 권장합니다. 특히 정이 많거나 인정을 못 하는 성격을 가졌다면 해당 파트는 철저하게 지키는 것을 권장합니다.

손절 기준을 지키지 않으면 어떤 일이 발생하는지 개인적인 경험과 주변 투자자들의 사례를 보면서 정리해봤습니다. 다음과 같은 상황으로 이어지는 경우가 꽤 많습니다.

❶ 눌림에서 주식 물량을 확보하는 스윙 투자와 달리 단타 매매는 당일 강하게 올라가는 종목을 선정해서 매수합니다.

❷ 물렸음에노 손설을 하지 않고 오버나잇(다음 날까지 실고 가기)을 하게 되면, 평단가(평균 매입 단가)를 맞추기가 어렵습니다.

■ 손절

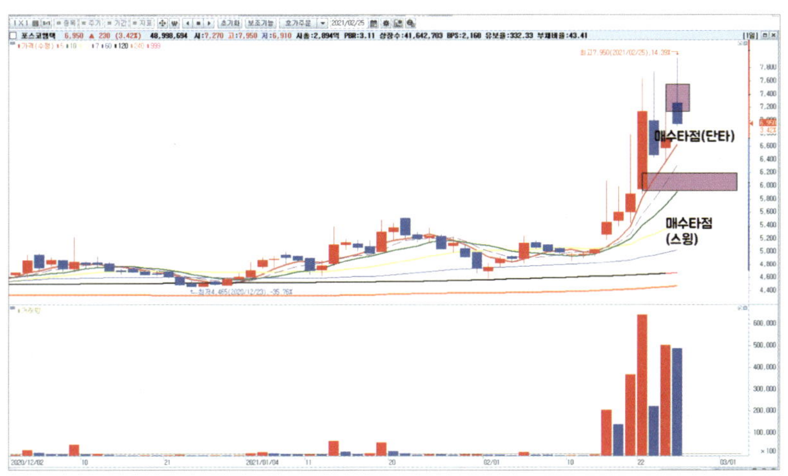

③ 오버나잇 이후 다음 날에 해당 종목이 상승하면 다행이지만 그렇지 않을 때는 점점 더 상황이 악화됩니다.

④ 손절 타이밍을 놓쳤습니다. 보유 현금으로 물타기를 세게 할지 큰 손실을 받아들일지 선택해야 합니다.

⑤ 물타기를 할 경우, 조바심이 나기 시작합니다. 현금이 없으니 공부할 의욕도 사라지고 물타기 한 종목만이 오르기를 기도하고 있습니다. (스윙 투자를 제대로 배웠다면 '재료 가늠'하고 있어야 합니다. 기도한다고 오르지 않습니다.)

⑥ 이 과정을 겪게 되면 이 생각이 듭니다. '아 그날 손절할걸', '아, 다음 날에라도 손절할걸.' 손절 금액도 커지고 그동안 투자자로서 성장(경험)도 없이 시간을 날렸습니다. 돈도 날리고 시간도 날립니다.

즉, 손절 기준을 철저히 지키는 게 단타 투자로 수익을 쌓아갈 수 있는 방법입니다.

손절을 못 하는 이유 (이러니까 손절을 못 하지)

손절을 '안 하는 것'과 '못 하는 것'은 다릅니다. 의지의 문제가 아니라 구조의 문제입니다. 왜 못 하게 되는지를 알아보겠습니다.

1. 자신의 그릇보다 큰 투자금

　예시로 설명을 해드리는 게 가장 효과적일 것 같습니다. 1주당 500원인 종목을 1주 매수했습니다. -10%에서 손절을 하면 50원 손실입니다. 50원 손절이 경제적 손실을 입히거나 오늘 하루를 망칠 수준이면 손절을 하지 못합니다. 그러나 그 수준은 아닐 거라고 봅니다.

　만약에 1,000만원을 매수한 상황인데 -10%면 100만원 손실입니다. 이건 어려울 수도 있습니다. 기준을 지키기가 어렵습니다. 내가 기준을 지키기 어렵다면 투자금을 줄여야 합니다. 줄였는데도 못한다면 더 줄여야 합니다.

2. 실력 부족

빠르게 손절하고 다른 종목에서 수익을 낼 자신감이 없기 때문입니다. 결국 실력이 수익으로 연결됩니다. 종목 선정 실력을 향상해야 합니다. (2장, 3장 종목 선정하는 부분 참고)

손절의 기술

1. 기계 손절법

기대수익률이 손절률을 넘어가면 안 됩니다. 내가 원하는 기대수익률이 +2%인데 -2%까지 버틴다면 세금+거래비용을 감안할 경우 손실입니다.

기대수익률의 절반을 넘어가면 손절합니다. +1%를 보고 진입했다면 -0.5%를 넘어가면 손절합니다.

2. 김보선 (이 책에서는 '의리를 지키는 최후의 선'이라고 정의)

3분봉 120일선입니다. 단타 매매에서는 추세를 의미합니다. 상승추세에서 하락추세의 전환을 의미합니다. 지지를 깨거나 20일선을 이탈하면 재빠르게 김보선을 체크해야 합니다. 캔들과 김보선의 거리가 얼마나 되는지 가늠합니다. (이걸 이격도라고 한다.)

120일선은 마지막 물타기(추가 매수) 지점이 될 수도 있고 손절점이 될 수도 있습니다. 물타기 지점이 될지 손절점이 될지는 스스로 판단할 수 있습니다.

무엇을 기준으로 판단할까요? 조금 더 쉽게 풀어보겠습니다. 물타기를 하려면 뭐가 필요할까요? 현금이 필요합니다. 내가 100만원 단타 자금 중에서 30만원만 매수했으면 물타기가 가능합니다.

단타 자금이 100만원인데 이미 100만원 다 샀다면 손절입니다.

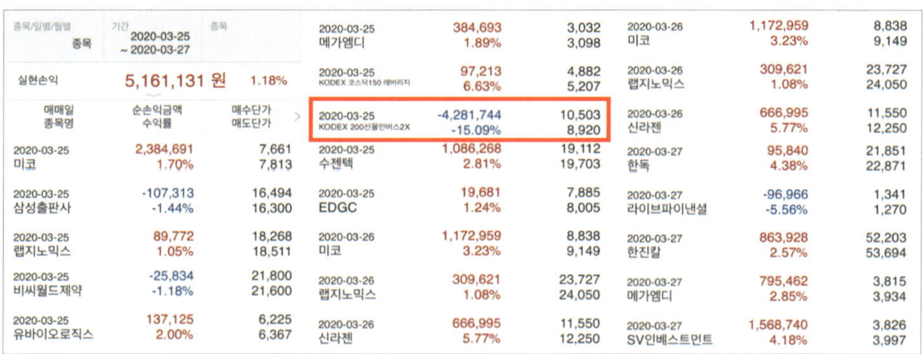

종목/일별/월별	기간 2020-03-25 ~ 2020-03-27	종목						
실현손익	5,161,131 원	1.18%						
매매일 종목명	순손익금액 수익률	매수단가 매도단가						
2020-03-25 미코	2,384,691 1.70%	7,661 7,813	2020-03-25 메가엠디	384,693 1.89%	3,032 3,098	2020-03-26 미코	1,172,959 3.23%	8,838 9,149
2020-03-25 삼성출판사	-107,313 -1.44%	16,494 16,300	2020-03-25 KODEX 코스닥150 레버리지	97,213 6.63%	4,882 5,207	2020-03-26 랩지노믹스	309,621 1.08%	23,727 24,050
2020-03-25 랩지노믹스	89,772 1.05%	18,268 18,511	2020-03-25 KODEX 200선물인버스2X	-4,281,744 -15.09%	10,503 8,920	2020-03-26 신라젠	666,995 5.77%	11,550 12,250
2020-03-25 비씨월드제약	-25,834 -1.18%	21,800 21,600	2020-03-25 수젠텍	1,086,268 2.81%	19,112 19,703	2020-03-27 한독	95,840 4.38%	21,851 22,871
2020-03-25 유바이오로직스	137,125 2.00%	6,225 6,367	2020-03-25 EDGC	19,681 1.24%	7,885 8,005	2020-03-27 라이브파이낸셜	-96,966 -5.56%	1,341 1,270
			2020-03-26 미코	1,172,959 3.23%	8,838 9,149	2020-03-27 한진칼	863,928 2.57%	52,203 53,694
			2020-03-26 랩지노믹스	309,621 1.08%	23,727 24,050	2020-03-27 메가엠디	795,462 2.85%	3,815 3,934
			2020-03-26 신라젠	666,995 5.77%	11,550 12,250	2020-03-27 SV인베스트먼트	1,568,740 4.18%	3,826 3,997

시장 공황이 장기적으로 이어질 것으로 보고 ETF 인버스에 스윙투자를 했습니다.
그러나 시장이 빠르게 회복되는 시그널을 확인하고 약 -420만원을 손절 처리했습니다.
이후 3일간 단타 매매로 손절 금액을 복구하였고, 추가적으로 약 500만원의 수익금을 얻었습니다.

손절 후 멘탈 리셋, 걷기로부터

★ 이 글은 2023년 10월, 네이버 카페 '투자자 트레이닝 캠프'에 올렸던 칼럼입니다. 당시 문체와 감성을 그대로 살리기 위해 원본을 그대로 넣었습니다.

과거에 고민거리가 있거나 좋지 않은 일이 있을 때는 침대에 누웠다.

침대에 눕게 되면 생각지옥에 빠지게 된다. 긍정보다 부정의 기운이 마구 들어오기 시작한다. 잠도 오지 않고 이 고통을 피하려 가짜 도파민을 찾게 된다. 유튜브 쇼츠와 인스타그램 릴스를 보면서 시간을 낭비했다.

시간이 해결해야 하는 문제도 끙끙 싸매고 과몰입하면서 쓸데없는 걱정을 키우기도 했다. 의미도 없는 감정소비만 존재하는 회의를 많이 주최하고 스스로 힘들게 만들었다.

매매에서 큰 손절을 맞았을 때도 마찬가지였다. 차트만 들여다보고 있으면 머릿속이 점점 복잡해진다. 그럴 때일수록 자리에서 일어나야 한다.

그런 내 인생이 '걷기'로 바뀌기 시작했다.

걷기는 생각 정리에 도움이 된다. 생각이 정리되면 더 현명한 의사결정을 하게 된다. 더 나은 의사결정은 매매에서도, 삶에서도 결과를 바꾼다.

나에게 닥쳐온 고민거리를 걸으면서 구체화한다. 당장 처리해야 하는 건지 먼저 판단한다. 해결하는 데 필요한 건 돈인지, 시간인지, 사람인지. 내 능력으로 해결 가능한지, 아웃소싱이 가능한지도 판단한다.

고민거리가 있으면 짧게는 30분, 길게는 2~3시간 정도 걷는다. 몇 년 동안 이렇게 걸으면서 생각해보니 고민거리의 90%는 쓸데없는 걱정이었다. 실제로 일어나지 않을 일에 대한 공포였다.

주식도 그렇다. 물렸을 때 머릿속에서 일어나는 생각의 대부분은 실제로 일어나지 않는다. 그 생각지옥에서 빠져나오는 가장 빠른 방법이 걷는 것이다.

나는 출퇴근은 걸어서 한다. 출근길에 하기 싫은 업무와 정면승부를 하면서 의지를 불태운다. 퇴근길에는 하루를 복기하고 내일을 다진다. 저녁 일정이 없으면 집에 도착한 후 바로 러닝을 하러 간다. 하루를 알차게 보낸 후 나에게 주는 보상은 슬럼프의 빈도를 줄여준다.

나의 하루는 걷기로 시작해서 걷기로 끝난다.

생각이 바뀌면 행동이 바뀌고 습관이 잡힌다. 그리고 그 습관이 어떠냐에 따라 사람이 바뀐다.

실전 사례 1
종근당바이오 (2020. 12. 4)

■ 종근당바이오

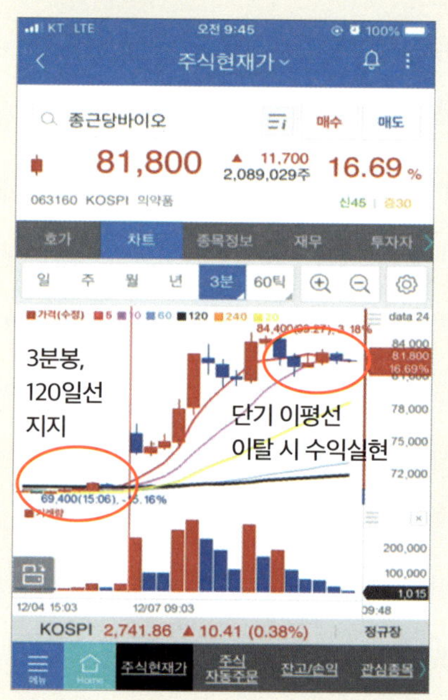

❶ **3분봉, 120일선을 추세선(김보선)으로 봅니다.**

거래량이 줄어들면서 지지를 받고 있는 차트를 보여서 종가 베팅.

시간 외에서 상승을 하고 다음 날 갭 상승 7%로 시가 출발.

여기에서 매도의 정확한 타이밍은 없습니다. 매도는 결국 자신의 만족 기준입니다.

다만 앞에서 배운 123 매도법, 4턴 4꺾, 반반이 스킬을 활용하면 후회를 줄일 수 있습니다. 이 케이스에서는 반반이 스킬로 절반 먼저 챙겼습니다.

주식 나침반 : 장 시초 대응, 추세선 기준

제 매도 기준은 다음과 같습니다. 이렇게 매도했을 때 아쉬움이 적었습니다.

① 단기 이평선 밑으로 완벽하게 캔들이 떨어질 때
② 5% 이상이면 일단 반반이 스킬 쓰고 물량 조절

이 매매에서 가장 어려웠던 구간은 매수도 매도도 아닌, 들고 있는 시간이었습니다. 3분봉 120일선에서 지지를 확인하고 종가 베팅을 했지만, 장이 끝나고 나면 확신이 흔들리기 시작합니다.

'내일 갭 하락하면 어쩌지', '지지가 깨지면 어쩌지' 같은 생각이 올라옵니다.

그런데 여기서 중요한 것은, 종가 베팅을 한 근거가 무엇이었는지를 다시 떠올리는 것입니다. 거래량이 줄어들면서 지지를 받고 있었다는 것, 그 자체가 매도세가 소진되고 있다는 신호였습니다. 근거가 살아 있으면 들고 가는 것이고, 근거가 깨지면 나오는 것입니다. 감정이 아니라 기준으로 버티는 겁니다.

결과적으로 다음 날 7% 갭 상승으로 시가가 출발했고, 반반이 스킬로 절반을 먼저 챙겼습니다. 나머지 절반은 단기 이평선 아래로 캔들이 완전히 이탈하는 것을 확인한 뒤 정리했습니다. 한 번에 다 팔지 않았기 때문에 '너무 일찍 팔았다'는 후회도, '너무 늦게 팔았다'는 후회도 줄일 수 있었습니다.

위지윅스튜디오 (2020. 12. 9)

■ 위지윅스튜디오

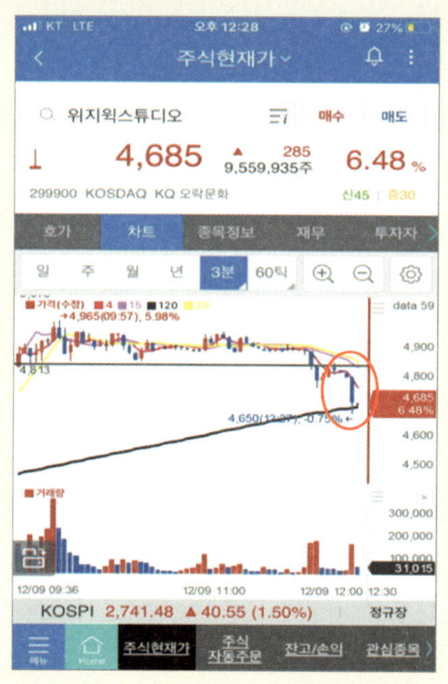

콘텐츠 관련주들이 이날 상승을 했습니다.

먼저 치고 나가던 대장주를 보았더니 위지윅스튜디오가 힘이 센 것을 발견하고, 변비기법으로 타점을 잡아서 매수하였습니다.

횡보를 거듭하더니 우르르 쾅쾅 **거래량이 뜬 장대 음봉!**

대량 매도가 이어지면서 차트가 무너졌습니다.

손절 또는 홀딩(버티기) & 추가 매수(물타기), 둘 중에 하나를 선택해야 합니다.

물량을 세게 투입하지 않았으므로 홀딩 & 물타기를 선택했습니다.

이건 생각을 깊게 하는 것이 아니고 선택하면 됩니다.

일봉상 차트에서 이제 바닥에서 추세 전환을 확인한 후, 3분봉 120일선 지지까지 추가 확인! 오버나잇 하기로 마음먹었습니다. 배운 걸 믿습니다.

뇌동매매만 하지 않고 정신 똑바로 차려서 매매하면 된다고 믿습니다.

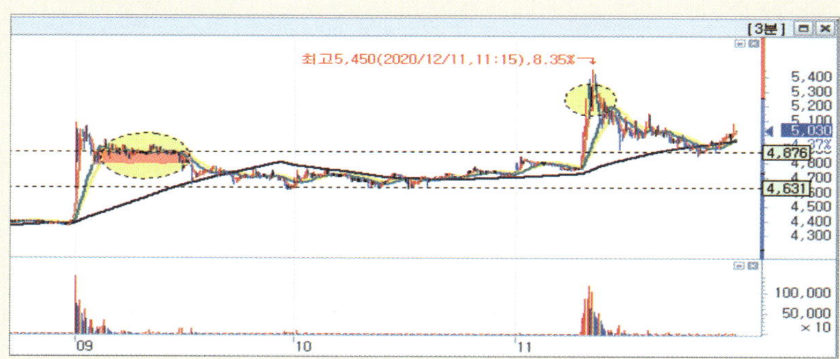

12월 9일 매수해서 12월 11일 매도하였습니다. 당일 매수-매도로 끝나는 게 단타에서 Best입니다. 그러나 항상 Best로 끝날 수는 없죠~ 오버나잇을 할 때도 있고 손절을 할 수도 있습니다. 오버나잇을 하면서 끌고 갈 수 있었던 건 일봉 차트 해석에 대한 확신 때문입니다.

이번 차트 해석의 포인트는 바로 시가 갭 상승입니다. 매우 중요합니다.

시가 갭 상승은 차분하게 올라가는 계단식 상승과는 달리 대부분의 자금이 특정 자본가(세력)에 의한 것으로 판단합니다. 그들이 시가로 차트를 올린다면? 그럼 이 부근은 그들의 돈이 빠져나가기 전까지는 '반드시 지켜준다'입니다.

- ## 워지웍스튜디오

실제로 위지웍스튜디오는 추세돌파 이후에 계속 상승하고 있습니다.

'스윙 안에 단타 있다'는 말을 좋아합니다. 추세 전환 상승을 맞이한 차트의 변동성을 활용해 수익을 내는 것이 단타 매매입니다. 스윙 매매가 탄탄하면 단타 매매도 잘할 수 있습니다.

주식 나침반 : 기법이 무너졌을 때 대응 판단, 갭 상승 시초가, 추세돌파, 단타 추세선(김보선)

단타 특공대 특별강의 4   **단타 매매에 관한 마인드**

입금은 없다!
인출만이 살길이다!

이 책을 끝까지 읽어주셔서 감사합니다.

여기까지 오신 당신은 새로운 가능성을 찾기로 결심한 분입니다. 그 용기를 응원합니다.

저는 트레이더로서 대단한 경험이나 업적을 가지고 있지 않습니다. 그럼에도 불구하고 이 책을 쓴 이유는 누군가에게 무언가를 잘 전달하고, 올바른 방향성을 제시하는 것에는 자신이 있기 때문입니다.

이 책의 내용을 최대한 흡수하시기 바랍니다. 하지만 명심하세요. 이 책은 단타 매매를 마스터하는 책이 아닙니다. 본격적인 경기를 뛰기 전에 기초 훈련을 마치고, 스트레칭을 하고, 운동화 끈을 단단히 묶고 출발선에 서는 과정입니다.

진짜 경기는 지금부터 시작입니다. 시장에 직접 뛰어들어 경험하고, 실수하고, 배우고, 다시 도전하는 과정이 필요합니다. 처음에는 당연히 어렵습니다. 시장은 계획대로 움직이지 않고 손실을 볼 때도 있을 것입니다. 그럴 때마다 이 책으로 돌아와 주세요. 기본을 다시 점검하고, 원칙을 되새기며, 한 걸음씩 나아가면 됩니다.

단타 매매는 지식이 아니라 기술입니다. 소액으로 시작하고, 꾸준히 연습하고, 자신만의 감각을 만들어가시기 바랍니다.

한국 주식시장의 높은 변동성은 단타 매매하기에 최적의 환경입니다. 이런 특성은 앞으로도 계속될 것이고, 단타 매매의 수요는 더욱 증가할 것입니다. 지금 시작하는 당신은 그 흐름을 선점할 수 있습니다.

이 책이 누군가에게는 단타 매매로 '수익' 나는 트레이더로서의 첫 걸음이 되었기를 진심으로 바랍니다.

주식의 노예가 되기보단 든든한 동반자, 뛰어난 부하직원으로 삼는 그날이 오기를 고대하겠습니다. 즐거운 소통이 되었으면 합니다.

저는 2016년부터 네이버 카페 '투자자 트레이닝 캠프'(이하 투트캠)를 통해 직접 소통하면서 투자이야기를 비롯한 삶의 이야기를 공유하고 있습니다.

SNS와 유튜브의 알고리즘으로 인해 알게 된 것이 아니라, 검색을 통해 저를 찾아내 주신 분들과의 만남을 소중하게 여깁니다.

지금 이 책도 마찬가지입니다. 이 책은 윤타라는 개인투자자이자 투자 멘토를 알게 해주는 매개체입니다. 조금 더 윤타와 투자에 대한 소통을 원한다면 투트캠으로 오시면 제가 있을 겁니다.

이 책을 통해서 투자자로서 한 발자국 더 전진하는 계기가 되었으면 좋겠습니다.

감사합니다.

주식 단타 특공대

1판 1쇄 발행 2026년 5월 1일
1판 2쇄 발행 2026년 5월 15일

지은이 윤영준
발행인 김태웅
기획편집 이미순, 이슬기
디자인 유어텍스트
마케팅 총괄 김철영　　　　　　**마케팅** 서재욱, 오승수
온라인 마케팅 박예빈　　　　　**인터넷 관리** 김상규
제작 현대순　　　　　　　　　　**총무** 윤선미, 안서현, 박혜림
관리 김훈희, 이국희, 김승훈, 최국호

발행처 ㈜동양북스
등록 제2014-000055호
주소 서울시 마포구 동교로22길 14(04030)
구입 문의 (02)337-1737　　　　　**팩스** (02)334-6624
내용 문의 (02)337-1763　　　　　**이메일** dymg98@naver.com

ISBN 979-11-7210-191-6　03320